禅

启真馆 出品

日本·禅

禅

与日本人的自然观及艺术

〔日〕铃木大拙 著

张石 译

ZHEJIANG UNIVERSITY PRESS
浙江大学出版社
· 杭州 ·

图书在版编目（CIP）数据

禅与日本人的自然观及艺术 /（日）铃木大拙著；
张石译. -- 杭州：浙江大学出版社，2024.9. --（日
本·禅）. -- ISBN 978-7-308-25323-9

Ⅰ. B946.5

中国国家版本馆CIP数据核字第20243VN893号

禅与日本人的自然观及艺术

［日］铃木大拙 著　张石 译

责任编辑	周红聪
文字编辑	黎梦瑜
责任校对	汪　潇
装帧设计	蔡立国
出版发行	浙江大学出版社
	（杭州天目山路148号　邮政编码310007）
	（网址：http:// www.zjupress.com）
排　　版	北京楠竹文化发展有限公司
印　　刷	北京天宇万达印刷有限公司
开　　本	787mm×1092mm　1/32
印　　张	9
字　　数	128千
版 印 次	2024年9月第1版　2024年9月第1次印刷
书　　号	ISBN 978-7-308-25323-9
定　　价	59.00元

序言 禅在大自然中凝聚日本美

张　石

　　铃木大拙是日本宗教家、文化学者，也是当今世界伟大的东方思想家。他从少年时代起开始钻研佛教与禅宗，精通英文，学贯东西，在其一生所著的100多种著作中，有23种是英文著作。1897年赴美后他不仅研究佛教与禅宗，而且深入研究基督教思想和西方哲学，他在西方文化宏大的背景下，用西方人熟悉的语言与表达方式，阐述了佛教等东方思想，尤其是使禅宗得到了现代性的阐释与升华，也激发了东方精神沉睡的生命力，使它以本身的澄明与深邃，走向了当代人类思想的舞台。虽然禅宗发轫于中国，但是在西方，"禅"的发音是"Zen"，这就是因为铃木大拙等人在美国及欧洲对禅宗[1]的广泛传播。日本现代著名哲学评论家梅原猛称他为"现代日本最伟大的佛教学者"。1949年，由于在传播佛教思想上的贡献，铃木大拙荣获日本政府颁发的文化勋章。1963年他被推选为诺贝尔和平奖候补，但是那一年的奖项授予了红十字国际委员会及红十字会与红新月会国际联合会。

铃木大拙是最早用英文介绍禅宗的学者之一，他的思想影响过海德格尔、弗洛姆、汤因比、巴雷特等西方著名的思想家。1957年，铃木大拙在一次有美国、墨西哥的约50名精神病学家和心理学家参加的座谈会上发表演说。会后，著

---

[1] 禅宗：铃木大拙一书英文原文为"Zen Buddhism"，有时也用"Zen"一词表示，本书译为"禅宗"。

名哲学家、心理学家弗洛姆说："我们这些人在同铃木大拙博士及其理念相处一周之后，至少受到了非常清新与激发性的影响。这是一个变化。……归结起来，是心理分析理论的发展，是西方智力与精神气象的变化……"[1]*

（一）

铃木大拙于 1870 年生于日本石川县金泽市一个医生家庭，原名铃木贞太郎，大拙是他的居士号。1876 年他刚上小学，父亲就因病去世。他少年时期家境贫困，由于家计问题在上高中时中途辍学。

铃木大拙从小就受到家乡浓郁的宗教气氛的熏陶。日本禅宗中著名的曹洞宗在金泽建有庞大的寺院，对这里的宗教活动，他九十多岁时仍记忆犹新。他读高中时的教员北条时

[1] ［日］铃木大拙，［美］埃里希·弗洛姆：《禅与心理分析》，孟祥森译（北京：中国民间文艺出版社，1986），第 14 页。
* 　编注：本书脚注除注明者外，均为译者添加。

敬，是镰仓圆觉寺名僧今北洪川和尚的弟子，一直极力向学生们宣传禅宗并分发日本著名禅师白隐慧鹤的著作《远罗天釜》，这些都进一步激发了大拙的宗教情怀。

1891 年，铃木大拙赴东京进入早稻田大学的前身东京专门学校学习。同年，他初次到圆觉寺，访问今北洪川并参禅，从此对参禅比求学更加热衷。

1892 年，今北洪川逝世，释宗演继任圆觉寺管长，于是他续拜释宗演为师参禅，释宗演授予他居士号"大拙"，出典于《老子》第四十五章："大直若屈，大巧若拙，大辩若讷。"在这里，他结识了常来释宗演这里请教禅宗问题的美国人比特蕾丝·恩特—— 一名研究宗教哲学和神秘主义学说神智学（theosophy）的学生。

释宗演禅师是一个非常开明的和尚，他不仅参禅，还去当时日本的启蒙思想家福泽谕吉开设的庆应义塾学习，并去锡兰（斯里兰卡的旧称）留学，这对禅宗和尚来说完全是破天荒的。大拙在他身边受益甚深。

同年，大拙在日本哲学家西田几多郎的劝说下进入东京大学学习。翌年，释宗演为参加芝加哥世界宗教大会赴美，大拙与之同行做英文翻译。

1897 年，因释宗演推荐，大拙赴美帮助美国作家波尔·格拉斯英译老子的《道德经》，从此在美滞留十几年。

在美期间，他积极介绍禅宗与东方文化，出版了《大乘起信论》(The Awakening of Faith in the Mahayana and Its Commentary)、《大乘佛教概论》(Outlines of Mahayana Buddhism)等译作和著述。

1908 年，铃木大拙在美国实业家、奥本考特出版社社长赫格勒的资助下旅欧，翌年回国，先后担任学习院大学教授、东京帝国大学英文讲师、京都大谷大学教授，并在大谷大学设“东方佛教学会”，发行《东方佛教》(The Eastern Buddhist) 季刊，持续 20 年之久。这期间他与比特蕾丝·恩特结婚（1911 年）。大拙经常用英文写作，虽然他英文水平甚高，但细腻处仍多得恩特的帮助。

1934 年，大拙与大德寺聚光院及圆觉寺佛日庵的和尚一起访问了朝鲜和中国。在中国期间，他拜访了深得蒋介石崇信的太虚法师所在的雪窦寺和南北方许多著名的大寺院，见到了鲁迅、胡适、王一亭、蒋梦麟等诸位著名人士。访华后，他写了《中国佛教印象记》一书。当时中日正处于紧张状态，但他在这本书的后记中写道："我相信日本和中国必须互相提携，佛教曾对此做出过很大的贡献。"在 90 岁以后，他还一直向往再次来中国。

1936 年，他以日本代表的资格出席伦敦世界信仰大会，会后，以日本外务省委托的交换教授身份在英国大学讲授"禅与日本文化"。

1939 年，大拙的夫人比特蕾丝·恩特逝世。1941 年，大拙与北镰仓东庆寺住持井上禅定一起，创设资料馆"松冈文库"（与东庆寺邻接），继续过着研究生活。

这以后大拙经常活动于国外。1949 年，他参加了在美国夏威夷大学召开的第二届东西方哲学家会议，曾与胡适一起进行有关禅研究方法的讨论，是年成为日本学士院会员，获得文化勋章。从 1950 年到 1958 年，大拙赴美国各地讲授佛教思想。从 1952 年到 1957 年，他在哥伦比亚大学作为客座教授,讲授佛教特别是禅宗思想,同时也在夏威夷大学、耶鲁大学、哈佛大学、普林斯顿大学等著名学府授课。1964年,大拙荣获泰戈尔奖,并为第四届东西方哲学家会议赴美。1966年95岁高龄时,大拙因绞窄性肠梗阻逝于东京圣路加医院。

(二)

在这本《禅与日本人的自然观及艺术》中,铃木大拙主要从日本人热爱自然、尊崇自然、以万物为神灵的文化特征出发,阐述了禅在日本发展的过程中,和日本人的自然观契合,给予日本人崭新的刺激,使其朴素的自然观升华为一种独特的宗教思想、充满灵性的美学意识和神动天随的艺术感觉。日本人从自然的风花雪月、蜂飞蝶舞、鸟啭虫鸣中,感悟从微观到宏观的无所不在的宇宙精神,并在禅的修炼与教养中使其内化为一种心理能量和精神境界,进而营造出一种空灵通透的美学意境和淡雅、朴素而优美的生活方式,并代代相传。

铃木大拙指出：

> 从历史的角度来看，禅在大约 1500 年前发源于中国，宋代（960—1279）后期传入日本，也就是说在 13 世纪初叶传到日本。所以禅的历史在日本比在中国短得多。由于禅非常适合日本人的性格，特别是在精神与审美方面，因此比起在中国，它弥深弥广地深入了日本人的生活……
>
> …………
>
> 简单地说，禅宗有自己处理"真实在"（reality）的方法。这一独特的方法，构成了日本人热爱大自然的内在意义。为什么这样说呢？因为日本人对大自然的爱是不能在普通的意义上去理解的。这一点随着论述的深入将会更明确。
>
> …………
>
> 禅是中国的实际精神和充满高远思索的印度形而上学的牢固熔接，如果没有这两种东方最高文化形态熔为

一炉，禅就难以找到像日本这样适合其生长，并使其硕果累累的沃土。禅传到日本，从日本史上来看，确实恰逢其时，当时奈良、京都的旧佛教已经无力引导新时代精神。而更加值得庆幸的是，禅初传日本，就得到了北条时赖、北条时宗这样有才能的弟子。镰仓时代正是以时宗为最著名的代表。我相信，已经是时候让日本国民理解并掌握这种代表意义的关键所在了。与此同时，对镰仓时代在造就日本人性格上发挥了最大作用的要素之一的禅宗的理解，也应该进一步加深。但是，多数的日本人对此时期在整个日本国民史精神层面的意义，也许了解得还不充分。*

与日本人热爱自然相结合的禅的禁欲主义最有特色的地方是什么呢？那便是充分理解自然的价值，并充满了无限尊敬之情：他们不把自然看成征服的对象，也不

---

* 编注：本书为铃木大拙的禅学观，旨在深入阐释禅对日本人的自然观、艺术观的影响及由此产生的文化景观。

将其看成按照人的意志恣意驱使的对象，而是把自然看成和我们一样、一定会在某个时刻成佛的友人，也就是以一种伙伴意识对待自然。禅教导我们应该如此看待自然——自然是亲切而充满善意的，而且其内在精神与我们完全一样，它会经常准备回应我们正当的抱负，并为其发挥作用。自然绝对不是总向我们施以威吓、与我们对立的敌人，只要我们不去毁坏自然，并强迫其为我们服务，自然就不是一种试图毁灭我们的力量。

禅的禁欲主义并不是要消灭和扭曲我们的本能，而在于尊重自然，不侵犯自然。这个自然，可以说是我们的本性，也可以说是客观世界的自然。自我苛责的态度虽不可取，但利己的功利主义无论对哪种意义上的自然来说，也都不是应有的正当的态度。因此，禅的禁欲主义与我们在科学、工业主义、商业主义和其他思想运动中所见到的现代物质性倾向完全无法共鸣。

禅的目的在于尊重自然、热爱自然，以自己自然而然的生命而生。禅所承认的，是我们与自然本性的同一性。但这并不是数学意义上所说的同一性，而是从"自然生存于人中，人生存于自然中"这个意义来讲的。因此，禅的禁欲主义主张单纯、质朴、率直、雄浑，不为私利、私欲利用自然。[1]

日本学者清水几太郎说："日本的所谓文化，是建立在对文化和人为的根本不信任的基础上的，是建立在担心失去与自然的同质性的恐惧的基础上的。"[2]

这种热爱自然、和自然融为一体的精神，渗透到了日本所有的文化生活。一提到日本文化，我们马上想到茶道、花道、俳句等和生活密切相关的艺术，据日本《休闲白皮书》(『レジャー白書』) 2011 年的统计，日本爱好茶道的人口大约有 320 万 [3]。另据统计，日本爱好花道的人口在 20 世纪 70

---

[1] 见本书第二章"禅与日本人热爱自然的情怀（二）"。

[2] ［日］梅棹忠夫，［日］多田道太郎（编）：《日本的文化与世界》(『日本文化と世界』)（东京：讲谈社，1972），第 34—35 页。

[3] http://globe.asahi.com/feature/memo/2013011800021.html.

年代左右约有3000万[1]，在20世纪90年代约有1200万[2]。爱好俳句的人口没有特别精确的统计结果，有人推算说约有1000万。这些艺术，在本质上都是教人怎样热爱自然、了解自然，以自然为伴，并在此基础上凝练出一种高远而超脱的禅宗意境的。

日本安土桃山时代到江户时代前期的临济宗僧人、茶道家泽庵的一段话说出了日本茶道的精髓：

> 茶道以天地中和之气为本，成治世安稳之风俗，然今人者，偏召其朋辈，作会谈之媒，饮食之快，成口腹之助也，且茶室尽其美，器皿尽其珍，夸人技之巧，而讽他人之拙，此皆非茶道之本意。而所谓茶者，置小室于竹荫树下，贮水石，植草木，（在室内）置其炭，挂

---

[1]〔日〕宇治野宪治：《插花入门》（『いけばな入門』）（东京：金园社，1972），第1页。

[2] 工藤昌伸：《插花与现代——日本插花文化史五》（『いけばなと现代——日本いけばな文化史　第5卷』）（东京：同朋舍，1995），第109—110页。

其釜，插其花，饰其具，移山川自然之水石于一室中，赏四序风花雪月之景，感草木繁荣之时，迎客而成礼敬。于釜中闻松风之飒飒，忘世中之念虑，瓶水涓涓流于一勺，洗心中之尘埃，直入人间之仙境也。[1]

由此可见，所谓茶道，就是移自然山水于茶室，感四季流变于花草，茶釜中听松涛飒飒，茶碗中品自然之清新。茶道的一切用具和装饰，都讲究与自然的季节相和，按照季节的不同变换茶室的装饰和茶道用具。

茶道与禅宗的关系非常深远，日本"侘寂茶"的创始人——被后世称为日本茶道"开山祖"的村田珠光（1422—1502），曾在京都的大德寺修行开悟，得著名禅师一休"印可状"。印可状是禅宗证明修行者开悟并允许其嗣法的证明，也就是说一休发给珠光证明他已经"开悟"的证书，并授予

---

[1]［日］铃木大拙：《铃木大拙说禅》，张石译（杭州：浙江大学出版社，2013），第236页。

他宋代著名禅师圆悟克勤的墨迹。珠光从一休那里吸取了禅宗的精华后，立刻把禅的精神结合在自己的茶道中。他将从一休那里得到的圆悟克勤的墨迹毕恭毕敬地挂在茶室壁龛中，那是茶室中最为显著的位置，每个来参加茶事的客人都要先向圆悟的手迹行礼。这幅墨迹被称为"流圆悟"，不仅是禅门重宝，而且后来也成为茶道的至高圣物。

所谓"侘寂"，就是在贫乏、简陋、不足中发现充足的美学。在古汉语中原为"侘傺"二字，出自屈原"怀信侘傺，忽乎吾将行兮"（《九章·涉江》）和"忳郁邑余侘傺兮，吾独穷困乎此时也"（《离骚》）。王逸注曰"侘傺，失志貌"，也就是形容失魂落魄的样子，但是茶道中的"侘寂"，则有了崭新的内涵。

室町时代后期至战国时代的茶人武野绍鸥（1502—1555）发展了村田珠光的茶道思想，他曾在大德寺的分寺南宗寺参禅，号"一闲斋"。绍鸥潜心研究和歌，继承了被称为"歌道"的日本传统文化，并把茶道和歌道相结合，进一步使茶道升华为充满艺术气息的文化。日本茶道理念中"侘寂"的理念，也来源于歌道，虽然有人认为这种理念是村田珠光引入茶道的，但是也有很多人认为将这些理念正式结合在茶道中的应该是武野绍鸥。

日本战国安土桃山时代著名的茶道宗师——被日本人称为"茶圣"的千利休（1522—1591）进一步发展了村田珠光、武野绍鸥的茶道思想，把"侘"之美推到了极致，其"侘"之美不仅没有局限在茶具上，而且还扩展到了茶室的构造、点茶的方式及茶会的整体样式。他对茶道进行了全方位的改革，包括在茶道中融会了哲学、禅学、饮食、礼仪、养生、园艺、建筑、花木、书画、雕刻、陶器、漆器、竹器、缝纫等诸方面的文化。当时的茶具大半来自中国、朝鲜，而千利休新制作出乐茶碗等茶具，挂轴也尽量选用反映禅的淡泊恬静精神的水墨画。这种做法将茶道的单纯化推向极致，达到"不可再减一物"的简单朴素状态，一百年之后，珠光的"侘茶"得以大成。

铃木大拙曾详细解释了有关"侘寂"的茶道理念：

我们用"tranquillity"（侘寂）来表现组成茶道精神的第四要素，但是这个词也许并不是表现汉字"寂"所包含的一切意义的适当用语。"寂"就是"侘寂"，可是"侘寂"比"静寂"的内涵广阔。相当于"寂"的梵语"Sânti"，实际上意味着"静寂""平和""静稳"，在佛语里"寂"屡屡用来指"死"和"涅槃"。可是，此语被用于茶道时，其意近于"贫""单纯化""孤绝"，在这里"侘寂"和"静寂"是同义词。为了体味"贫"，或者说为了原原本本地理解我们所遇到的事物，需要静谧的心。可是，在"侘寂"和"静寂"两者之中，暗示着对象性，引起侘寂这种心情的某种对象物经常存在，"侘寂"并不是单纯对某一类型环境的心理的反动，这里存在着美的指导原理，如果缺少它，"贫"就是贫乏，"孤绝"就是"贝壳流放"[1]和非人性的"厌恶交际"。因

---

[1] 贝壳流放：古希腊雅典民众用投票方法把不良分子放逐于国外，投票时使用陶器片和瓦片，引申为绝交、排斥之意。

此，"侘寂"和"静寂"也许可以定义为对贫之美的鉴赏，把它作为艺术原理使用的时候，就是要创造或改造出唤醒"侘寂"和"静寂"感情的环境。若在今天使用此语，"静寂"一般适用于各个事物与环境，"侘寂"通常适用于使人联想到的贫乏、不充分或不完全的生活状态。

一休的弟子、足利义政的茶匠珠光在教授弟子茶道精神时，经常讲如下的故事：

一个中国诗人偶然作了下面的两句诗：

前村深雪里，

昨夜数枝开。

当他把这首诗拿给一个朋友看时，朋友说，把"数枝"改为"一枝"更好。诗人依了朋友的话，并夸朋友为"梅花一字师"（即中国晚唐时郑谷为齐己改诗之事）。在深雪的森林里开放着一枝梅花，这里有"侘寂"的观念。

有时还讲有关珠光的如下的故事：

看到茅草屋里拴着名马，是件好事。在普通的屋子里发现珍品，也是特别的事。

这使人想起"破襕衫里盛清风"的禅语。从外表上看并不显眼，而和外形完全相反的内容无论从哪个角度看都是难以估价的"无价之宝"，因此"侘寂"的生活可以这样定义：贫穷里深藏的是用语言难以表达的静谧之愉悦。茶道就是力图将此观念进行艺术再现的修行。

可是，茶室中若显露出不诚实的痕迹，一切就都被破坏了。必须把那些不可估价的用具极其本色纯然地放在那里，像一种完全不引人注意的存在，像一种偶尔发现的存在。看到它的人开始并没有注意到什么特别的地方，可是不知不觉地被它吸引了过去。再接近一点，仔细琢磨一下，在意想不到的地方，似有纯金矿脉在闪烁。

但发现黄金闪烁也好，没发现也好，对它来说都是一样的，因为它存在着不拘于偶然性的真实性，不会失去对自己的诚实。"侘寂"意味着忠实于自己的本性。茶人静静地住在绝不矫饰的小庵里，如果意想不到的客人来访，则点茶、插上新花，客人为主人的谈话和招待所感动，以这静寂的午后为乐，难道不是真正的茶道吗？

也许会有人抱有这样的疑问："现代的世界里，有几个人的境遇能像茶人那样呢？悠闲地谈什么招待之事，不是傻瓜吗？首先要给面包，然后要缩短劳动时间。"可是，说句实在话，所谓的现代人，失去了闲暇，在郁闷的心中没有真正地体味生之乐趣的余裕，只是为了刺激而追求刺激，这不过是想暂时忘掉内心的苦闷而已。这里主要的问题是生活究竟是为了舒畅而有教养的享受，还是为了寻求快乐和刺激感。在这个问题得到解决的基础上，如果有必要的话，我们甚至可以否定现代生活的全部结构，开始新的生活，毕竟我们的目的并不是始终成为物质欲望与慰藉的奴隶。

其他的茶人还这样写道：

天下侘寂之根元，天照御神[1]也，日本国之大主，纵然嵌金银珠玉，造巍峨宫殿，叱之者当无，然茅葺之居，黑米之供，万事慎之又慎，不怠其责，此乃世间之真茶人也。

——石州流《秘事五条》

此文作者把天照大神看作身居侘寂的具有代表性的茶人，这很有意思。然而这里所展示的是茶道对原始的单纯之美的鉴赏。换言之，是用茶道表现我们内心深处所憧憬的美，也就是在人生存允许的范围内，尽量地归返自然，与自然合一的大美。

通过这些说明，我们对于"侘寂"的概念大概了解了。宗旦是利休的孙子，可以说，真正"侘寂"的生

---

[1] 日本神话中的女神。

活，是从他开始的。按照他的学说，"侘寂"是茶道的真髓，它相当于佛教徒的道德生活。[1]

花道是和茶道紧密相连的艺术，在日本，花道花器的数量，仅次于餐具、茶具。花道更是如此。花道是由植物的组合或植物与其他素材组合而成的鉴赏艺术，是人们尊崇自然的精神在植物中的体现，是在自然美的启迪下人的美意识与自然的高度融合。

在花瓶里插花鉴赏的习惯，不论古今东西，在世界各国都早已存在。而日本的花道，没有仅停留在环境与室内装饰上，而是上升为一种具有严密系统和特性的形式，一呼一吸、一举一动与自然相通，动与阳相生、静与阴相和的精神文化，其中贯穿着思想、礼仪、美学和教养，形成了熔宗教、园艺、美术、造型、陶艺、文学等人文要素于一炉的综

[1][日]铃木大拙：《铃木大拙说禅》，张石译（杭州：浙江大学出版社，2013），第245—249页。

合性艺术。

在日本，正月的时候一般人家都要摆门松，松枝一般和青青翠竹放在一起，共同构成新年的吉祥物。

松在日本是有神性的，《万叶集》第六卷里的古歌唱道："茂冈神圣和古老松树呀，等待接收千代繁荣的神灵，而谁又会知道它的树龄？"花草也是如此，在古代日本人看来，把花草、松枝和翠竹一样立起来，就会成为神的依托之物，日语叫"依代"，这也是日本花道中所谓"立花"的起源。对花的这种认识至今仍反映在日本的祭祀仪式当中，如日本大神神社的镇花祭、京都今宫神社的安乐祭就属于这一类。人们相信花中有神的意志，这也是日本花道的起源。

立花就是把花立插在花瓶里的插花方式，它起源于"依代"的传统和佛教的供花，后来发展成书院壁龛的装饰花。到了室町时代，池坊宗的佛教弟子创造了一种复杂的供花造型——立花，并由第二代池坊专好在江户时代前期集其大成。立花将叫作"真"的主枝放在中心位置，然后巧妙安排副、请、正真、见越、流枝、控枝、胴、前置这些分支的位置，使其呈现自然的景观，体现天、地、人的和谐统一。

花道在与茶道共同发展的过程中，又出现了"投入花"。投入花是一种自发的造型。这种插花法常常将花材随意地投入花器，花材的选择也比较随意，路旁的野草、野花都可以作为花材使用，利用巧妙的技术展示一种朴素、浑然天成的诗意的自然美。投入花一般有三种形式，即吊在壁龛上、挂在柱子上和放在壁龛下面。投入花的特点是强调自发、自由、自然。村田珠光等茶师把投入花引入"侘茶"，表现富有禅意的"枯冷"之美，将其作为书院壁龛中央桌子下面的"桌下之花"来使用，桌上放香炉，桌下放投入花。但是和立花相比，投入花还是处于从属的地位，而千利休则把书院的立花和草庵的投入花一体化，主张"一沙一世界，一花一天国"，使投入花与立花不分主次，共同演出"和、敬、清、寂"之美。在这本《禅与日本人的自然观及艺术》中，还提及这样一件事。

传说，丰臣秀吉听说千利休家的院子里开满了牵牛花，他很想看一看，便示意利休在某日清晨为他举行一次茶会。

等到茶会那天，秀吉走进利休的院子，却没有发现一朵牵牛花，他很不高兴，向茶室走去。当他走进茶室时，看到壁龛里有一朵生机勃勃的牵牛花。据说，一向爱好黄金茶室的秀吉也被这孤寂而惊人的美打动，说这是"足以压倒我的巨大花朵"。

日本当红花艺大师川濑敏郎（Kawase Toshiro），是"自然野趣流"的代表人物。川濑年轻时作品艺术风格华丽，后期为"减法美学"，强调缺、拙、涩的意境，正像中国宋代的减笔画，"精妙之笔，皆草草，谓之减笔"，也正像禅宗中"一即是多"的思想。"一沙一世界，一花一天国"，在这种禅宗审美意识的影响下，他以缺写盈，大巧若拙，涩中含润，以此感悟无常与变化的生命真谛。他喜欢把一些古老、质朴、粗糙、布满历史痕迹甚至是残缺的器皿当作花器，依据时节到山野里寻找最能表现季节特征的花叶，其作品表现出平淡而浑然天成的空灵之美。

在这本《禅与日本人的自然观及艺术》中，铃木大拙讲了下面一段故事：

　　堺的一名茶师有一个叫作"云山肩冲[1]"的特殊形状的茶叶罐，这个茶叶罐在茶师之间很有名，受到珍重，所有者也为此而骄傲。有一天，利休受招待吃茶，使用的就是这个茶叶罐。但是利休好像根本没有注意到它，什么也没说就回去了。茶叶罐的主人非常失望，当场就把它摔在火炉的支架上，摔了个粉碎。他叹息道："要这样的东西有什么用呢？利休一点儿都不欣赏。"

　　茶叶罐主人的朋友把碎片收集在一起拾起来，认认真真地粘好，恢复了原来的形态。这项工作的技术含量相当高。修好后一看，已变成舍不得随便扔掉的器皿了。然后他招待利休吃茶，他想：我还使用这个茶叶罐，看利休说什么。

　　在饮茶期间，利休锐利的眼睛马上就认出了这茶叶

---

[1] 肩冲：肩部有棱角的茶叶罐。

罐就是上次那个，虽然经过了修缮。他说："这不是我过去看过的那个茶叶罐吗？这么一修理，真的就成了有'侘寂'味道的逸品了。"[1]

这就是一种和日本人热爱自然紧紧地结合在一起的禅的审美意识，正是：

几束鲜花

装点茜色

宇宙

粗陶野草

写意禅味

春秋

一朵牵牛

映照满园春色

---

[1] 见本书第六章"禅与茶道、茶人及茶器"。

　　雨打芭蕉

　　聆听小虫

　　啾啾

（张石诗）

　　而日本俳句作家对自然风物更是热爱和精通，他们不仅精通《二十四节气歌》，更要学习大多数中国人已经忘记的"七十二候"。七十二候是中国最早的结合天文、气象、物候知识指导农事活动的历法。以五日为候，三候为气，六气为时，四时为岁，一岁二十四节气共七十二候，比《二十四节气歌》更加细腻，同时还用动植物的变化表现这些候。

　　江户时代，日本人根据日本的风土将其改编为"本朝七十二候"，并把里面的中国动植物换成适合日本风土的动植物。

　　日本人在创作俳句时，会根据细腻的季节变化，使用不同的季语。如春天有初春、仲春、晚春之分，而初春又分二月、睦月、寒明、立春、早春、浅春、冷彻、余寒、春寒、春动、鱼上冰、雨水、獭祭鱼、二月尽，等等。与初春相对应的与动物相关的事物有猫恋、红腹灰雀、饭蛸、孕鹿、白鱼、雪虫等，植物有岩海藻、梅、迎春花、山茱萸花、桔梗芽、红梅等。与仲春相对应的与动物相关的事物有归鸟、归雁、孕雀等，植物有胡葱、芦苇角、五加、虾脊兰、黄连、枫芽、菊苗、菊嫩叶、丁香水仙、枸杞等。与晚春相对应的与动物相关的事物有马驹、雀崽、雀巢、离巢、燕巢等，植物有日本八重樱、通草花、蓟、梓木花、龙须菜、东菊、马醉木花等。

什么时候开什么样的花，跳什么样的虫，游什么样的鱼，飞什么样的鸟，下什么样的雨雪，刮什么样的风，都是俳句作家必须了若指掌的。天文、地理、人事、节日、动物、植物、食物在俳句创作中浑然一体，人与自然相依相爱，相融相通。

日本江户中期的女诗人加贺千代女曾写过这样一首俳句，几百年来一直是日本俳句的圭臬：

星稀冷露重

牵牛开花萦古井

惜花借水去 *

这首俳句说的是女诗人加贺千代女在一个清爽的早晨来井台打水，看见饱蘸露珠的牵牛花晶莹绽开，缠绕在井台和吊桶上，这自然于晨曦梦雾中的神来之笔惊呆了她。她心醉神迷，不忍惊动这如霓如幻的绝美，竟然向别人借水去了。

铃木大拙曾深深地赞美这首俳句的盎然禅意，并将其与禅宗的宇宙无意识联系在一起：

　　"牵牛花"这首俳句的作者是加贺千代女。如果按照散文风格的批评家的观点，这位女诗人看到牵牛花缠在了吊桶上，就不去动它，而去借水，这真是没事找

---

* 　编注：本书中引用的俳句及和歌等，除注明者外，为译者参照日文原文译出。

事。而从千代女的观点来看，她去汲水时看到的清晨的牵牛花，是美的体现。平安朝的一位女诗人也认为夏天的早晨是日本一年中最清爽的时刻之一，实际上确实如此。而那满开的牵牛花，又为夏日的早晨增添了勃勃生机。但是，这个牵牛花的美，只能存在一个早晨，这对它来说是恰如其分的（牵牛花在日语中称为"朝颜"）。在清晨看到了这牵牛花，就是看到了美本身，看到了如此新鲜，如此令人心醉神迷，如此神圣得不可接近，如此充满神秘感的，来自神之手的自然原初的作品。女诗人怎么能仅仅以自己在地上生存的实用为理由，去伸手触动它呢？吟咏牵牛花的还有其他的诗：

松树千年朽，

槿花一日歇。

毕竟共虚空，

何须夸岁月。

这是白乐天的诗中一节。实际上，时间问题和美并没有关系，美是诗情，它和人关联。

"宇宙无意识"是价值的宝库。已经被创造的和正在被创造的一切价值都在这里贮藏。[1]

日本的俳句，也深受禅宗精神影响，一切事物无论高贵与卑下，都有禅意，"把一枝草为丈六金身用，把丈六金身为一枝草用"（《景德传灯录·卷十》），世界上一切伟大的、渺小的，永恒的、暂时的，在本质上都是同一的。日本江户时代被称为"俳圣"的松尾芭蕉有如下俳句：

三秋菊花香

奈良的古佛色苍苍

共迎一缕霜

---

[1] ［日］铃木大拙：《铃木大拙说禅》，张石译（杭州：浙江大学出版社，2013），第288—289页。

　　"郁郁黄花，无非般若"，那渺小的、一现又逝的菊花，和禅者眼里的永恒的、伟大的宇宙之主宰——"古佛们"在同一艺术氛围中相映生辉，他们有着同一的灵性和神髓。

　　禅宗的信仰者们，还经常以自相矛盾的手段，练就同一性的超脱。他们经常动中索静，水中取火，雪中觅春，南辕北辙。铃木大拙说："所谓的禅，是背心求心，面南望北斗。"[1]宗白华说："禅是动中的极静，也是静中的极动，寂而常照，照而常寂，动静不二，直探生命的本原。禅是中国人接触佛教大乘义后体认到自己心灵的深处而灿烂地发挥到哲学境界与艺术境界。静穆的观照和飞跃的生命构成艺术的两元，也是构成'禅'的心灵状态。"[2]

　　芭蕉经常在他的俳句中，在"面南望北斗"式的矛盾中，练就同一性的超脱。在旅行途经立石寺时，芭蕉写道：

[1] ［日］铃木大拙：《铃木大拙全集》(『鈴木大拙全集』) 第十一卷（东京：岩波书店，1970)，第277页。

[2] 宗白华：《美学散步》(上海：上海人民出版社，1981)，第76页。

　　何为真寂静

　　无缝岩石渗蝉鸣

　　何处听回声

　　这究竟是动，还是静？如果是动，何以听到蝉声渗入岩石的精微的声音？不把心与境一同沉入深深的静，如何体验得到这绝妙的动？白居易诗曰"别有幽愁暗恨生，此时无声胜有声"，而此情此景，却是"此时有声胜无声"，正因为有了这渗到岩石里的蝉声，才表达了这比无声更沉静的意境。

　　说它是静，那我们还会有疑问：那比微风更无力的声音，竟渗到了岩石里，那该是怎样一种激烈的动？

　　然而，芭蕉正是在这两难的境遇中，表现了盎然的禅意。这是动中的极静，也是静中的极动，这是静穆的观照和飞跃的生命构成的生命的两元，而在禅者的心灵氛围中，它们又构成了互相包容、相得益彰的"动静不二"的一元，构成了对无分别的生命本原的沉沉冥想。

　　日本这些具有悠久传统的生活艺术，深深扎根于日本现代的生活，也使日本人以自然为伴，与自然为友。这本《禅与日本人的自然观及艺术》，正是一本以日本人的自然观为切入点，深入阐述自然与禅、自然与日本人及禅的相遇，由此产生出意味深长的文化景观的著作。

（三）

这种深深热爱自然的意识，至今仍然是日本人的一个特色，也为现代人指出了一条摆脱孤独的道路。

2012 年，植物生理学专家、日本甲南大学教授田中修所著《植物了不起——为了生存下去的巧妙与功夫》（『植物はすごい——生き残りをかけたしくみと工夫』，中央新书）成为畅销书，发行数超过 12 万册。2014 年，昆虫分类学专家、九州大学综合研究博物馆助教丸山宗利所著《昆虫了不起》（『昆虫はすごい』，光文社新书）也成为畅销书，发行数同样超过 12 万册。

这两本书以丰富的实例，分别描写了植物与昆虫惊人的生存能力和它们所具有的人类无法比拟的"了不起之处"。田中修认为："也许人们认为植物的生命渺小得微不足道，但是植物的生存方法是非常了不起的，它们以与人一样的结构生存着，并拥有同样的烦恼。为了解决这些烦恼，它们竭尽全力生存着。"[1]

丸山宗利认为："狩猎采集和农业等人的、文化的、文明的行为，大体上都是昆虫首先进行的。"[2]

他们在书中不仅提出了爱护自然、了解自然的课题，而且提出了"人类应该向植物和昆虫学习"的课题。这两本书之所以能深深打动日本人的心灵，成为畅销书之一，也与日本人依靠亲近自然、了解自然摆脱现代孤独的群体心理有关。

人类是大自然的一部分，而人类的孤独，产生于人与大

---

[1] ［日］丸山宗利，［日］田中修：《最畅销书对决——昆虫和植物，哪个了不起？》『ベストセラー対決「昆虫と植物、どっちがすごい？」』，《文艺春秋》12 月号（2015），第 329 页。

[2] ［日］丸山宗利，［日］田中修：《最畅销书对决——昆虫和植物，哪个了不起？》『ベストセラー対決「昆虫と植物、どっちがすごい？」』，《文艺春秋》12 月号（2015），第 329 页。

自然的对立与分离。人的本质是"对象化"的能力，也就是把原本和自己融为一体的大自然对象化为自己征服的对象。对象化造成了两重性，人类创造了一个属于他的世界，让眼前呈现出一幅被他征服的自然图景，他为拥有征服者的力量而欢呼。然而与此同时，他感到了"和谐"这一动物性的生存特征的消失，感到被逐出乐园的"与众不同"的痛苦。正如弗洛姆所说：

> 人成了永恒的流浪者（奥德赛、俄狄浦斯、亚伯拉罕、浮士德）；他被迫继续前进，并不断努力，通过填写知识白卷上的答案，变未知为已知。他必须了解自己，必须说明他存在的意义。他被促使着战胜这种内在的分裂，因为他为渴望得到"绝对"所折磨，他为渴求另一种和谐所折磨，而这种和谐能消除他与自然的分离、与同伴的分离、与他自己分离的祸根。[1]

---

[1]［美］埃里希·弗洛姆：《为自己的人》，孙依依译（上海：生活·读书·新知三联书店，1988），第57页。

　　这种现象也使人类在征服自然的同时向往自然，而且必须完成另一个目的，也就是从与自然的疏离与异化走向合一与和谐，正像马克思所指出的那样："自我异化的扬弃和自我异化走的是一条道路。"[1]

　　而亲近自然、了解自然、热爱自然、向自然学习，不仅是日本人摆脱现代孤独的一条道路，也是全人类摆脱现代孤独的一条道路。拿我们个人来说，现在社会争分夺秒，已经没有太多人愿意作为他人解消孤独的伙伴，而我们身边的大自然，不仅是我们"无机的身体"（马克思语），也是我们亲密的伙伴。当你孤独时，你随时可以投入其中，不管你是喜欢摄影、绘画，还是喜欢文学写作，大自然不仅是你灵感的源泉，会在你不断的发现中给你令人惊喜的回应，而且是永远供你解密的妙趣横生的迷宫。花红柳绿，莺飞草长，其中都有和你紧紧相连的生命的密码。

---

[1]［德］卡尔·马克思：《马克思恩格斯全集》第42卷，中共中央马克思恩格斯列宁斯大林著作编译局译（北京：人民出版社，2017），第117页。

不是你不懂

只是没有

置身其中

当你睁开

深情的眼睛

梦

不再飘零

（张石诗）

目　录

第一章　禅与日本人热爱自然的情怀（一）

一

　　有很多人认为，日本人具有热爱自然的情怀，是由于日本本州的中央有富士山，而我每次乘东海道线[1]经过富士山山麓时，只要赶上好天气，一定会仔细眺望，并且不由赞叹被洁白无垢的积雪覆盖的富士山壮丽的雄姿。江户时代的诗人石川丈山[2]赞美它为"白扇倒悬"。我觉得富士山所唤起的感情，不只是艺术之美，更有某种精神世界的清静与高洁。日本的一名古代诗人山边赤人[3]如此歌咏富士山：

　　　　走过田子浦[4]，

――――――――――

[1] 东海道线：日本铁路干线之一。

[2] 石川丈山（1583—1672）：日本江户时代文人。

[3] 山边赤人：也称"山部赤人"，生卒年不详，日本奈良时代宫廷诗人。

[4] 田子浦：地名，现为日本静冈县富士市的海港。

仰望富士山。

高岭雪纷纷，

洁白满人间。

而比山边赤人更具有宗教情感的奈良时代的诗人在《万叶集》中留下了下面的诗歌：

甲斐[1] 骏河[2] 两国间，

月光水影富士山。

白云悠悠也却步，

飞鸟凌云越顶艰。

雪息烈火火融雪，

神灵伟岸呼名难。

---

[1] 甲斐国：日本古代行政区之一，在现在的山梨县。
[2] 骏河国：日本古代行政区之一，在现在的静冈县。

石花 [1] 巨浪连湖波，

山拥海涛海击山。

激流百转成千河，

船帆人影富士川。

日映飞雪银龙舞，

镇守大和神光灿。

灵虹一道入云霄，

骏河高岭看不厌。

　　我们在其他的地方引用过诗人西行 [2] 有关富士山的和歌，那里也充满了神秘气息。在他那个时代，富士山还是一座活火山，至少偶尔还会喷烟，这一点我们在其他地方也引用过：

　　富士烟云随风散，

---

[1] 石花：石花海，原是一个很大的湖，平安时代初期的贞观六年（864 年），富士山大喷发，石花海大部分被埋没，留下的部分形成东侧的西湖和北侧的精进湖，都在山梨县南部都留郡富士河口湖町。

[2] 西行（1118—1190）：是平安时代末期至镰仓时代初期的武士、僧侣、歌人。

我思茫茫无去向。

如此的光景，经常让人怦然心动。看见高峰上孤独的浮云，令人思接千里，超越人世间。

被富士山深深打动心灵的不只是诗人，就连武士也以诗抒怀，写下如此诗句：

佳景如幻日日变，

常见常新美绝伦。

未见富士者，

所问难煞人。

美景时时变，

叫我如何言？

作这两首诗的诗人是丰臣秀吉、德川家康时代的名将伊达政宗（1567—1636），他是不屈不挠的斗士，参加过很多战斗并获胜，成为东北地区仙台藩的大名。然而谁能想象，这位活跃在战国时代的武士，在他心中还会有如此雅趣令他吟咏自然呢？而俨然存在的这一番事实，说明在日本人心中，天生便充满了对大自然的热爱。丰臣秀吉出身于一个农民家庭，他在那个时代是下等阶层，受尽虐待而且蒙昧无知，但是就连出身如此贫贱的他也作诗，还成为艺术的庇护者。众所周知，他所处的时代，在美术史上被称为"桃山时代"。

今天，富士山代表着日本，说到日本或写到日本，一定会提到富士山，这是理所当然的。假如从地图上抹去这座圣山，作为日出之国，其国土之美会丧失大半。不亲眼见到富士山，就不可能深深地被其感动。不管怎样巧妙地去誊模它，无论是绘画还是照相，都无法正确传达其真景。由于周围状况的影响或地形角度的变换，产生不同的视角，富士山的容姿就正如政宗诗中所说，会不断地变化，绝不是同一的。连广重[1]也说，没有见过富士山的人，难以传达此山真正的艺

---

[1] 歌川广重（1797—1858）：日本江户时代浮世绘画家，绘有著名的《富士三十六景》。

术价值。关于这一点，其他诗人从不同的角度吟咏富士山：

晴也好，阴也好，

富士美景本妖娆。[1]

现在的时代渐渐散文化了，为登山而登山的活动，也在日本年轻人之间流行起来，而且他们将这一活动称为"山岳征服"——这是何等的冒渎！这和那些不值得去学的其他许多事情一样，只不过是从西欧传入的流行事物之一。我想，

---

[1] 日本江户时代后期至明治时代中期武士、政治家山冈铁舟（1836—1888）的诗。原诗为"晴れてよし 曇りてもよし 富士の山 もとの姿は 変わらざりけり"，铃木大拙英译为：

"In fair weather,

In cloudy weather,

Beautiful indeed

And never changing—

This peak of Fuji!"

引自 Daisetz T. Suzuki, *Zen Buddhism and Its Influence on Japanese Culture* (Kyoto: The Eastern Buddhist Society, 1938)，p.202.

如按照铃木大拙英译，应译为"富士山顶本妖娆"，文中汉译为译者参照日文原诗和铃木大拙英译译出。

所谓"征服自然"的观念，可能来源于希腊化时代 [1]。根据那个时期的思想，大地应该是人的随从，风和海应该服从人类。希伯来文明也是从这种思想出发的。可是在东方，绝对没有让自然服从人类为所欲为的欲望，听从人类的命令并为人类服务这种欲置自然为奴仆的观念。对于东方人来说，自然既不是无情之物，也不是人类竭尽全力使其服从的敌人。我们东方人不曾把自然看作敌对的力量，相反，自然是我们形影不离的朋友和侣伴。我们的国土上屡屡发生地震，但自然仍是足以让我们信赖的，我们忌惮"征服"这种观念。登山成功了，为什么不说"我们与山成了好朋友"呢？找出可以征服的对象，不是东方人对待自然的态度。

我们登上富士山，不是为了征服它，而是为了一览其美丽、雄壮和孤高并为之感动，是为了参拜五彩祥云后冉冉东升的庄严旭日。这里没有一丝一毫精神的堕落，也未必是太

---

[1] 希腊化时代：从公元前 323 年马其顿国王亚历山大去世到公元前 30 年罗马征服托勒密王朝，这一时期的地中海东部的历史在 19 世纪 30 年代以后逐渐被西方史学界称为"希腊化时代"。

阳崇拜。太阳是大地众生能够生存下来的伟大"恩人",人们对其深怀感激之心。接近一切生物与非生物的"恩人",只不过是理所当然的事。也就是说,我们会感到,只有我们人类被赋予了这种心情,而其他低等动物缺少如此纤细的情绪。在现在的日本,在那些大众感兴趣的高山上,一般都安装了缆车,很容易到达山顶。现代的生活让人在物质上追求功利主义,谁也不愿意放弃一切如此便利的设施与途径,就连我自己也经常利用这些设施。比如说,我上比睿山 [1] 的时候就是如此。尽管如此,自己在心情上还是有抵触的。电灯灯光照射下的夜间索道光景,反映了贪婪的金钱至上及追求享乐的现代精神。

众所周知,比睿山位于日本京都的东北面,传教大师 [2] 在这里建立了日本最早的天台宗寺院净域。现在为了营利,比睿山接受如此无情的处置,一定会令居住在这里的虔诚的

---

[1] 比睿山:日本七大高山之一,为日本天台宗山门派大本山。位于日本京都府京都市东北隅的山岳,由大比睿岳(海拔 848 米)和四明岳(海拔 839 米)组成。

[2] 传教大师:即日本天台宗开祖最澄(767—822)之谥号。

《富士三十六景·甲斐御坂越》

歌川广重绘

乡下人叹息不已。在崇拜自然的情怀中，孕育着高尚的宗教感情，在今天这样的经济、科学与战争并存的时代，我希望务必坚持这种情怀。

二

　　尽管日本人也持有现代征服自然的观念，但实际上日本人仍是非常热爱大自然的。要想了解这一点，可以让他们在某处的山林中盖起一个小书斋，更确切地说是"冥想小屋"。你们会发现，以西方的观点来看，这种小屋几乎称不上什么建筑物：它们也就是四叠半[1] 或六叠大小，以干草为顶，多建在巨松的松荫之下，松枝延伸到屋顶，为其遮风挡雨。从远处来看，它成为风景不显眼的一部分，和风景融为一体，绝不刺眼，甚至可以把它看作风景有机构成的一部分。主人

————————————

[1] 叠：丈量单位，一叠约 1.62 平方米。

坐在其中，屋里没有一件碍事的家具，有的只是柱子上挂着的一个插着鲜花的小瓶。坐在这简朴的屋子里，主人会感到自己和小屋周围大自然的一切，完全没有分开、隔离。在形状奇妙的窗子附近，他与植物为伍，那里生长着一丛芭蕉，有几片宽阔的叶子在刚才的暴风雨中被撕裂，像是禅僧褴褛的破衣衫，更令人想起寒山的诗。不仅那叶子的形状充满着诗意，而且它生长在大地上，就像其他植物一样。看到它，人们便觉得自己和芭蕉一样，享受着生命之光，这一点更是充满了诗意。这个冥想的小屋虽然不比地面高出多少，但足以使人避开潮气，同时也足以使人感知到萌发所有生命的共同源泉。

如此的小屋完全成了自然的一部分，坐在其中的人亦和所有其他事物一起，成为自然的一部分。鸣啭的小鸟、啼鸣的小虫、摇曳的树叶、呢喃的小河，甚至耸立在骏河湾一边的富士山，也完全融为一体。这是自然与人以及人的作品完全融合的一个实例，而我们重提的富士山，令人回忆起太田道灌[1]的诗。在后土御门天皇[2]下问道灌其住所的样子时，他吟咏了如下的诗：

> 我家草庵连松原，
>
> 柴门近处听海音。
>
> 屋檐忽见千年雪，
>
> 富士峻峰耸入云。

在京都住着的天皇，并没有实际看见过富士山，因此武将诗人在这里特意提及。道灌把自己的住处称为"庵"，这种说法很有意思。在德川家康建立江户城之前，于现在的东京建立大本营的道灌的住宅未必很大，而且他将其称为"庵"，理所当然会使人联想到遁世之人那贫寒的草屋。道灌充满诗人气质的爱自然的精神，使他反抗人工虚饰味道太浓

---

[1] 太田道灌（1432—1486）：室町时代后期的武将。

[2] 后土御门天皇（1442—1500）：1464 年至 1500 年在位，讳成仁，嘉吉二年（1442）五月，作为后花园天皇的第一皇子出生。

的东西。因此他的草庵自然与松原、波涛汹涌的海岸及他常说的银装素裹的富士山合拍。在这一点上，道灌实质上反映了以爱自然为基调的日本人的性格。

堂皇的建筑异峰突起，与周围的自然景物不协调。虽然从实用角度看，这样的建筑便利、有用，却没有诗意。以特别醒目的形态构筑的人工建筑物，会减弱建筑的艺术价值。当它变成废墟，无法遂行原来明显的目的时，它才开始变形为自然，作为自然景物而耐人寻味。当然，这样的耐人寻味，往往是和废墟的历史意义联系在一起的。

后土御门天皇一定也向道灌反复问起筑有他的城池的武藏野[1]。日本被称为山国，平原很少，武藏野是最大的平原之一。虽然京都成了首都，但是没有离开过群山环绕的京都的帝王，对去一下广阔的武藏野也很感兴趣，因此才向道灌下问。道灌仍然以诗作答：

---

[1] 武藏野：日本关东地区的一个区域，大致为埼玉县川越以南到东京都府中之间的地区。

> 茅屋未着露，
>
> 阴云遮武藏。
>
> 东雨西面晴，
>
> 云外有夕阳。

这首诗使天皇感慨无限，他也吟了一首诗给这位才高八斗、来自关东原野的武将诗人：

> 常思武藏唯苓草，
>
> 闻君一曲见花开。

道灌是日本最有名的英雄之一，不幸的是生于足利幕府[1]走向穷途末路、国内濒临动乱的时代。他被暗杀，死在叛徒卑劣的矛尖下。他吟咏了如下辞世诗：

---

[1] 足利幕府：亦称"室町幕府"，是日本历史上第二个幕府政权，由足利尊氏于1338年开设，终于1573年。也有另一种说法认为室町幕府于1336年开设，终于1558年。

昨日自戒"莫忘执"，

今日赴死破此身。[1]

三

武将诗人太田道灌有幸生在与蓝色的海原及滔天巨浪相

---

[1] 文明十八年（1486）七月，太田道灌被主君上杉定正召至相模的糟谷馆。主君嫉他功高盖主，因此太田在入浴时遭到暗杀，享年 54 岁。这首和歌的大意是：昨天还自戒不要妄想，不要我执心过强，但是今天这承受着许多忍耐的身体和忍耐一起到了极限，终于破碎了。

这首辞世诗有各种版本，比较信得过的是"昨日まで莫妄執をいれおきしへなむし袋今破れてむ"，铃木大拙英译为：

"Until yesterday body of mine，

Like a henamushi bag，

Was the depository of wrong attachments-

Is it now last time burst？"

引自 Daiseti T. Suzuki, *Zen Buddhism and Its Influence on Japanese Culture*（Kyoto: The Eastern Buddhist Society, 1938），p.207.

其中"henamushi"，用的是日文音译，字典上没有这个词，铃木在英文中也没有解释。"henamushi bag"，可能是日语中的"堪忍袋"，比喻忍耐力强韧的心胸，日语中有"堪忍袋の緒が切れる"这个成语，比喻无法再忍耐而爆发。

映成辉的白雪皑皑的富士山旁，尽享自然的风雅。但是住在陋屋破房里的《雨月》的主人公——一对老夫妇，在月亮与阵雨之间殚思竭虑，在这里，他们的草庵是一间真实的茅屋，他们对如何应对这茅屋不知所措。他们和道灌一样，也许比道灌更富有诗意。在这个故事里，日本人爱自然的心情不言而喻。下面我简单地讲述一下这个故事。

《雨月》是以西行法师漂泊期间发生的事情为题材创作的谣曲。一天黄昏，镰仓初期的诗僧西行来到一间房子前，请求住一晚。这里住着一对老夫妇，房子显得十分破烂荒凉。老人以没有充分的准备则不能接待客人为理由，拒绝了西行的乞求。老人的妻子看他是旅行僧人，想留他住在这里，但这个草庵接待客人确实不合适，她无法改变这个事实，理由是这样的：老妇人非常喜欢月光，因此，尽管屋顶漏雨，为了自己的爱好，她也不去修缮。而老人爱听敲打房顶的雨声，如果像现在这样下去，不进行修缮，就会听不到这声音了。是为了月影，不修屋顶好呢，还是为了听雨声，修缮房顶好呢？已是秋季了，中秋明月就要来临，静心坐闻秋雨又是那么惬意，但这个矛盾得不到解决，无论老先生还是老妇人，都不能留客住宿并好好地招待他。于是，老夫妇（或许是其中的一人）不知不觉地叹息：

　　欲葺低房生烦恼。

　　听到此，西行叫道："这不是一句很好的和歌的下句吗？"

　　老夫妇（或许是其中的一人）说道："您明白这诗吗？那么无论如何请您添上上句，这样就可以留您住下。"

　　西行马上吟道：

　　月光雨声皆相亲。

　　于是，西行被请到房内。夜深月明，整座野山都被照亮了，月光也照进了草庵。忽然，传来了雨点的声音，树木沙沙作响。哦，原来是枯叶打在茅屋上，和雨滴的声音相似。

禅与日本人的自然观及艺术

风停了，空中越发明亮了。啊，这是月夜落叶之雨。

似雨非雨萧萧叶，

旅人侧耳难辨清。

原觉身卧骤雨里，

只闻雨声满天晴。（平安时代诗人源赖实的和歌）

秋天的落叶，屡屡使爱自然的日本人的诗的感受性觉醒。这样的光景使人想到独居，把人引入冥想的氛围。西行也对落叶感触甚深。无论在哪座山上闲居，打在房顶、窗子上的落叶，总使他在深夜中醒来。那孤独的冥想，在传达着秋天自然之魂的声音里，越发深邃。下面的和歌不仅描写了秋天，而且反映了这种气氛：

疑是骤雨惊幽梦，

· 20 ·

《西行法师》

菊池容斋绘

不耐狂风落叶声。

如果从实际出发，下雨是很不方便的，可是，无论在中国还是在日本，却有许多歌与诗吟咏着雨。特别是日本那静静飘洒的雨，是静悄悄地向我们呢喃着实存的内在神秘之雨。让我们再倾听一下西行的诗：

檐前春雨雨空垂，

幽然独居隐士家。

要想真正地理解春雨的诗与哲理，必须住在日本，必须住在建在茸茸草地和水池前的六叠小茅屋里，像诗人西行所说的"隐士"那样，与自然深切地交往。

道元（1200—1253）是日本曹洞宗的始祖。下面的偈是他的偈中最有名的，顺便在这里引用：

生死可怜云变更，

迷途觉路梦中行。

唯留一事醒犹记，

深草闲居夜雨声。[1]

梭罗在他的《瓦尔登湖》中，微微表露了他在听雨时心中存在的"宇宙意识"和"宇宙感情"：

我从不觉得寂寞，也一点不受寂寞之感的压迫，只有一次，在我进了森林数星期后，我怀疑了一个小时，不知宁静而健康的生活是否应当有些近邻，独处似乎不很愉快。同时，我却觉得我的情绪有些失常了，但我似乎也预知我会恢复到正常的。当这些思想占据我的时候，温和的雨丝飘洒下来，我突然感觉到能跟大自然做伴是如此甜蜜、如此受惠，就在这滴答滴答的雨声中，我屋子周围的每一个声音和景象都有着无穷尽无边

---

[1] 此偈引用汉文原诗。

际的友爱，一下子这个支持我的气氛把我想象中的有邻居方便一点的思潮压下去了，从此之后，我就没有再想到过邻居这回事。每一枝小小松针都富于同情心地胀大起来，成了我的朋友。我明显地感到这里存在着我的同类，虽然我是在一般所谓凄惨荒凉的处境中，然则那最接近于我的血统，并最富于人性的却并不是一个人或一个村民，从今后再也不会有什么地方会使我觉得陌生的了。[1]

四

我们顺便在这里谈一下东方式的思想和感情是如何渗入19 世纪美国人心中的。由马萨诸塞州康科德市的诗人、哲学家所发起的超验哲学派运动[2]，至今仍在全美有影响力。美国

---

[1] [美] 亨利·戴维·梭罗:《瓦尔登湖》，徐迟译（上海：上海译文出版社，2006），第 163 页。

[2] 超验哲学派运动：又称超验主义，或超越论（transcendentalism），（接下页）

商贸工业在东方的发展是 20 世纪一件有意义的事，同时也必须承认，东方对欧美在精神财富上同样有着贡献。1844 年，爱默生沉溺于脱俗的思索，遭到了卡莱尔[1]的斥责，而他是这样回答的，这段话十分引人注目："阁下责难我，说我常常沉溺于青空一样空虚而莫名其妙的理想主义，但是，如果说那是我的怪癖的话，那么，我受其感染的程度比阁下所认为的还要深刻。我所拥有的充满愉悦的梦想已经难以言传，如果实行，那当然更加美好。我丝毫不觉得我耽于这种冥想有什么不好，它并没有占据我的房子和库房。……我只不过是在梵天[2]的归隐之处崇拜永恒的佛陀而已。"

　　爱默生所说的像"青空一样空虚而莫名其妙的理想主义"，是耐人寻味的。很明显，他说的是佛教的空观。这是

（接上页）兴起于 19 世纪 30 年代美国新英格兰地区的哲学与文学运动，经过不断发展，成为美国思想史上一次重要的思想解放运动。其领导人是美国思想家、诗人爱默生，梭罗也是其中重要人物之一。提倡直觉、超感觉等。

[1] 卡莱尔（Thomas Carlyle, 1795—1881）：英国评论家、历史学家。

[2] 梵天：原为古印度的祈祷神，现印度教的创造之神，与毗湿奴、湿婆并称三主神。

佛教思想的基本原理，是禅的神秘自然观的出发点。我无法得知他进入空观的教理精神有多深，但是超验哲学派的提倡者爱默生等人已把探索的锋芒深入了东方式幻想那无底的黑暗，这种探索所显现的美国人的心灵令人惊叹。我在学生时代便常读爱默生的作品，并且被其深深地感动，至今我才明白其中奥秘。那时，我并非想研究美国的哲学家，而是想要探索在东方意识觉醒以来自己心灵深处一直涌动着的神秘，因此我才亲近爱默生。那时我已成为自己的知心挚友。梭罗对我来说亦是如此，大家都会感觉到他与西行、芭蕉的近似和他对自然的东方式的感觉方式，尽管他自己没有意识到这一点。

在结束本章之际，我介绍一下在禅僧中为人熟知的一位禅师对雨的看法。

那天下雨，镜清（唐末五代僧）问弟子："门外是什么声音？"

弟子答道："是哗哗下雨的声音。"

这只是如实的回答。有关正在下雨这一点镜清早就知道，但他的结论却是这样的："虽有的人心都乱了，总追随外界之物，却不知道自己究竟在何处。"

这对于答者来说是一个沉重的打击，如果外界的声音不能称为雨声，那么究竟是什么呢？所谓"追随外界之物"，又或者"自我的观念混乱"，到底是什么意思呢？

雪窦（宋代禅师）颂之：

虚堂雨滴声。

作者难酬对。

美国的超验哲学派对自然的态度确有神秘色彩，但禅师们远远地超越了他们。确实有难以理解的地方，但此时正是思考禅理之时，雨嘛，就让它先下一会儿吧。

第二章 禅与日本人热爱自然的情怀 (二)

一

上文我们谈到了日本人对自然深深的爱。要想从其他方面去理解日本人的文化生活，无论如何也要深入探讨佛禅的秘密。如果对禅丝毫不了解的话，便难以体味日本人的性格。但是这不是说禅直接创造了日本人的内心世界和一般文化，而是说如果对禅有了解，便能比较容易进入以各种形态表现出来的日本人精神生活的深处。

这一事实，学者和市井之人都有意识或无意识地感觉到了。学者的认知方法与其身份相应，是分析性的、带有批判意味的，而市井之人对于被认为来源于禅宗的故事传说等，总是怀着极大的兴趣去听，并把它运用到现实中，在现实中玩味、理解。

在外国，也有著作指出了禅在塑造日本人性格和文化上所发挥的巨大作用。下面举一个这方面的例子。

查尔斯·艾略特^[1]在其名著《日本佛教》(*Japanese Buddhism*，很遗憾，他生前并没有校阅这部很有价值的著作)中曾说过："禅对于东方的艺术、知识及政治生活来说具有伟大的力量。从某种程度上来说，禅既塑造了日本人的性格，也是日本人性格的表现。其他所有的佛教都没有禅宗那样日本化。"

这里非常有意义的一点是，他指出禅"是日本人性格的表现"。从历史的角度来看，禅在大约 1500 年前发源于中国，宋代 (960—1279) 后期传入日本，也就是说在 13 世纪初叶传到日本，所以禅的历史在日本比在中国短得多。由于禅非常适合日本人的性格，特别是在精神与审美方面，因此比起在中国，它弥深弥广地深入了日本人的生活，所以《日本佛教》的著者一点都没夸张。

另外，乔治·萨舍姆^[2]在其著作《日本文化简史》(*Japan:*

---

[1] 查尔斯·艾略特 (Sir Charles Norton Edgecumbe Eliot, 1862—1931)：英国外交官、殖民地行政官、学者。

[2] 乔治·萨舍姆 (Sir George Bailey Sansom, 1883—1965)：英国外交官、历史学家。

A Short Cultural History）中，关于禅曾做过这样的观察：

> 禅宗对日本的影响极为微妙而广泛，因此它成为日本最高的文化精髓。它如此深入日本人的思想、情操、美术、文学及习惯，以至于许多人为了写好日本精神史上这最难而又最有魅力的一章而不辞辛劳。……

在后面的章节里，我对这位著者有关日本人热爱自然的见解有所批判，但是他在这里所说的却一语中的，我也完全同意。

禅与其他佛教的形态不同，它的特征是什么呢？在了解禅与日本人爱自然的关系之前，知道这一点也许很重要。当然，详细而深入地研究禅的真髓，超出了我们现在研究的课题范围，因为这不仅是一个深远的课题，而且也非常复杂。研究这个课题，要花费很多时间与精力，因此这里只想涉及禅宗的教导与修炼的一般常识。仅仅如此，我想也足以掌握洞察日本人爱好自然的性格的知识。

从一般论着手，我们可以从四个方面论述，也就是宗教、精神、审美及认识论这四个方面。

二

禅不只是严格的训练。当我们看到禅僧住在简陋的小房，以米、咸菜和甘薯度日，我们会觉得他们所奉行的是自我否定的生活原则，带有隐士风格。事实上，从禅所传授的某种形式的出世思想和自我锻炼的方法来看，禅在生活中确实存在着这样的一面。但是如果认为禅仅仅是这样，那就非常肤浅了。禅的洞察，深入了生的根源。从这一点来看，禅具有真正的宗教性。这就意味着禅深深地触及了"真实在"（reality）。禅的宗教性，也正是体现为它把握了"真实在"，并活生生地存在于其中。

那些观念中只有基督教与印度教诸形态的人，也许要用怀疑的眼光看禅，因为在禅中，他们看不到他们观念中的神或与此相应的事物及对此的尊崇。所谓"真实在"等观念，对于他们来说有些过于观念化、哲学化，好像缺少对献身与行动的召唤。实际上，佛教中还经常使用一些比"真实在"还要抽象的用语，如真如（tathatā）、空（Śūnyatā）、实相（bhūtakoti），等等。为此，许多身为基督徒的批评家，甚至有许多日本学者，都把禅看成静观生活的教义。然而对于禅徒来说，这些用语根本不是观念性的，而是完全真实、直接的，是有生命、有生气的。所谓的实相、真如、空等，是在宇宙间具体的、活生生的种种事实中把握的，而不是通过思索在这些事实中被抽象出来的。

禅绝不离开这个存在着具体事实的世界，经常生长在种种事实之中。远离各种名与形的世界，并不是禅的所在。如果存在着各种人格的、非人格的神，那么它们理应与禅为伴，并存在于禅。在客观世界中，从哲学的、宗教的乃至诗的方面考虑，只要是和我们对立、威胁我们、消灭我们的力量，禅就不存在于其中。禅"把一枝草为丈六金身用，把丈六金身为一枝草用"。也就是说，禅在掌中收纳了全宇宙，这就是禅的宗教。它的行为与功能全出于此。

　　也许有人认为禅是一种泛神论，从外表看，是容易使人这样想的。因此甚至在佛教徒中，也有人因为无知，持有这种观点。如果认为禅的精髓中真带有泛神论的色彩，那就离题万里了。在这一点上，禅与基督教相同，根本不同于泛神论。且看下面云门（五代时的人）[1] 与其弟子的问答。

　　僧云：“如何是清净法身？”

　　门云：“花药栏！”

　　僧云：“便恁么去时如何？”

　　门云：“金毛狮子。”

　　当我们听到神被拦在禅院和邻人田地间的篱笆时，似乎嗅到了点儿泛神论的味道，可是“金毛狮子”又是怎么一回事呢？狮子原本是兽中之兽，是独立的自存，是百兽之王，是原本自在的完整无缺。它并不表示以外的任何东西，它完全没有暗示以某种形态显现的观念。

　　对于不习惯禅的表现方法的人来说，加上这点简单的注

_____

[1] 指云门宗祖文偃（864— 949），唐末五代时僧人。

释，也很难理解云门的话和所谓的"金毛狮子"。为了做一点补充，我再引用一则禅的问答。

僧问："狮子袭击敌人的时候，无论对手是兔子也好，大象也好，它都要全力以赴。这种力是什么呢？请您指教。"

师答："至诚的力。"（原文为"无欺的力"。）

至诚即所谓的不欺，就是"把全存在原原本本地推出"。用禅语讲，就是所谓的"全体作用"，也就是一切不留，去掉一切伪装，一点儿都不浪费。如此生存的人，可谓"金毛狮子"。只有这样的人，才是雄浑、至诚、认真的象征，是如神的人。这里并不表示什么，因为它自身不外乎实在的本体；在它的背后什么都不存在，因为它是"全真理"和"事物原本的自在"。

对于如此理解生命与世界的禅的方法，我们必须了解清楚。这对于理解我们在后面的章节里将要讲述的事情极为重要。我们将去证明，日本人对自然的热爱与象征主义之类的东西没有一点儿关系。

如果有必要将禅做某种分类的话，那么也许禅可以算作

云门禅师

守一空成重编《佛祖正宗道影》

"多神论"。这里的"多"（polys）的意思，应该相当于"恒河之沙"，并不是数千的神，而是无数的神。在禅的世界中，各个事物作为绝对的实在物，与其他所有的个别事物关联。这无限的关联之所以在空的世界中得以成立，是因为一切个别的事物把自己认同为原本的状态，即认同为各个实体。对于不习惯这种佛教思维方式的人来说，也许是难以理解的，但是这里无法对这种理论从头梳理一遍，我们必须直奔主题。

简单地说，禅宗有自己处理"真实在"（reality）的方法。这一独特的方法，构成了日本人热爱大自然的内在意义。为什么这样说呢？因为日本人对大自然的爱是不能在普通的意义上去理解的。这一点随着论述的深入将会更明确。

三

禅在承担精神修炼的角色时，从一切形式都以单纯化为目标这个意义上讲，是禁欲的。禅宗多少有些斯多葛主义（Stoicism）的味道（古希腊斯多葛学派在伦理上主张克己禁欲，后来将斯多葛主义作为禁欲主义的代称），这种精神培育了日本武士阶层。北条氏时代的镰仓武士推崇生活的单纯性和朴实性，其初衷显然受了禅的影响。如果没有北条时宗[1]，日本历史也许会走上一条完全不同的路。时宗精神上的气概和不屈不挠的意志，也是在应北条氏之邀而来到日本，并受其庇护的中国禅师们的教导下形成的。时宗的父亲时赖[2]，也是优秀的禅宗信徒。时宗遵从父亲的旨意，访问禅宗道场，接受精神的训练，最后他成了日本历史上最伟大的人物之一。

禅是中国的实际精神和充满高远思索的印度形而上学的牢固熔接。如果没这两种东方最高文化形态熔为一炉，禅就难以找到像日本这样适合其生长，并使其硕果累累的沃土。禅传到日本，从日本史上来看，确实恰逢其时，当时奈

---

[1] 北条时宗（1251—1284）：日本镰仓时代中期的武将，幕府第八代执权。
[2] 北条时赖（1227—1263）：镰仓幕府第五代执权者，北条氏之子，北条时宗之父。

《北条时宗》

菊池容斋绘

出自江户时代传记史书《前贤故实》

良、京都的旧佛教已经无力引导新时代精神。而更加值得庆幸的是，禅初传日本，就得到了北条时赖、北条时宗这样有才能的弟子。镰仓时代正是以时宗为最著名的代表。我相信，已经是时候让日本国民理解并掌握这种代表意义的关键所在了。与此同时，对镰仓时代在造就日本人性格上发挥了最大作用的要素之一的禅宗的理解，也应该进一步加深。但是，多数的日本人对此时期在整个日本国民史精神层面的意义，也许了解得还不充分。

与日本人热爱自然相结合的禅的禁欲主义最有特色的地方是什么呢？那便是充分理解自然的价值，并充满了无限尊敬之情：他们不把自然看成征服的对象，也不将其看成按照人的意志恣意驱使的对象，而是把自然看成和我们一样、一定会在某个时刻成佛的友人，也就是以一种伙伴意识对待自然。禅教导我们应该如此看待自然——自然是亲切而充满善意的，而且其内在精神与我们完全一样，它会经常准备回应我们正当的抱负，并为其发挥作用。自然绝对不是总向我们施以威吓、与我们对立的敌人，只要我们不去毁坏自然，并强迫其为我们服务，自然就不是一种试图毁灭我们的力量。

禅的禁欲主义并不是要消灭和扭曲我们的本能，而在于尊重自然，不侵犯自然。这个自然，可以说是我们的本性，也可以说是客观世界的自然。自我苛责的态度虽不可取，但利己的功利主义无论对哪种意义上的自然来说，也都不是应有的正当的态度。因此，禅的禁欲主义与我们在科学、工业主义、商业主义和其他思想运动中所见到的现代物质性倾向完全无法共鸣。

禅的目的在于尊重自然、热爱自然，以自己自然而然的生命而生。禅所承认的，是我们与自然本性的同一性。但这并不是数学意义上所说的同一性，而是从"自然生存于人中，人生存于自然中"这个意义来讲的。因此，禅的禁欲主义主张单纯、质朴、率直、雄浑，不为私利、私欲利用自然。

有人担心禁欲主义会使生活标准降低，但恕我直言，灵魂的丧失大于整个世界的获得。我们为了维持、提高这个所谓重要的生活标准，在各处不停地为准备战争而奔忙，难道不是如此吗？如果这种状况持续下去，很显然，最后我们一定会走上一条互相消灭的道路。这并不是个别国家的问题，而是国际问题。比起所谓提高生活标准，提高生活质量不是更好吗？这是不言自明的。而在至今为止的所有历史中，没有比贪欲、嫉妒、不义横行的现代更需要大声疾呼这个自明的道理的时代了。我们这些修禅者，应该为坚持禅所教导我们的禁欲主义，迎风站立。

四

禅所教导的审美与禅的禁欲主义有密切联系。这是因为后者中同时存在"无我"和"绝对空"（Śūnyatā）中所谓的"主客观的融和"这两种不同的说法。这些可能是不可思议的语言，但作为禅的根本教导，在禅文学中到处可见。要说明这些，对于充满智力陷阱的哲学来说，是一份十分不容易的大事业，必须倾注非凡的思索。而"思索"又是一个非常麻烦的东西，因为它往往容易引起对禅体验的误解。因此，正像前面所说的那样：禅避免抽象的叙述和概念性的推理。

所谓的禅文学，可以说就是没完没了地引用逸话、因缘故事和问答。对于那些没受过神秘的禅文学启蒙的人来说，禅是充满荆棘、难以接近的荒野。可是，禅师们决不会气馁，为了表现自己，他们主张运用独特的方法。对于这一点，他们自己是最了解的，而且是绝不会错的。这是因为，他们以自身的经验来决定传达的自我事实和表达方法。为了说明禅的美意识，我要引用下面的问答，但请大家不要误解，不要认为这是故意把自己的观点弄得不可理解。

唐代高官陆亘大夫在与南泉普愿（748—834，唐代禅师）谈话时，顺便引用六朝时有名的学僧僧肇（384—414）的话"天地与我同根，万物与我一体"，接着他说："这是不是一句很出色的禅语？"

南泉指着在庭院开放的一朵花，把陆亘的注意力引向那里。

"世人好像做梦一样看这朵花。"

这个问答，雄辩地证明了禅对自然物的审美态度。

很多人并不真正理解看花的方法。这就是说，他们总是从花那里离开，而绝没有把握花的精神。这样，他们就不完全理解花，也就像梦里看花一样，看的人和被看的物是分离的，两者间有难以超越的鸿沟。看的人和被看的对象之间不发生内在的接触，也就不能把握我们面对的事实。在天与地之间有多种多样的东西，但都是同根而发。我们与他人，亦出自此根。不牢固地把握此根，我们就无法现实地体验事物的奥秘。正因为南泉拥有这种体验，以本来的美为自豪的花才能激起南泉美的感知。这种对自然的品味，产生于体验到自己生于自然之时，这样禅和日本人爱自然的品质就结合在一起了。

在这里，不能忘记的是，只体验所谓的同一性是不够的，不能算真正地体味自然。然而仅此一点，就给予爱自然的日本人的感受性以哲学的基础，使日本人能够较容易地深入自我美意识的奥秘，或许会使感受性得到相应的净化。可是，爱可以在多样性的世界中形成，如果只有所谓的同一性，南泉的话就会堕入平白。由于世人不能看透存在的真正的根基，他们真的像做梦一样。华严哲学中的一和多的调和，进一步说，就是主客观的融合，对于理解自然美是绝对必要的。

丁尼生诗云：

小小花儿

如果我

知道你是什么

你的根

及你的全部

我就会知道

什么是神

什么是人

只有把土墙的裂缝中盛开的纤细的小花与万物，与究极的源泉等同的时候，才能真正地体味花之美。当然，这里只用哲学的乃至概念的方法是不行的，必须依靠禅的方法。这既不是泛神论的立场，也不是静观主义的立场，而必须是南泉及禅的一派所施行的"生"的立场。为了实现这一立场，又为了使陆亘真正体味到南泉的意向所在，南泉必须先向陆亘打招呼，使他们的关系亲密起来。只有这样，陆亘才能感受到南泉语言的力度，才会像南泉一样，使花的真美映现在心灵之镜上。

在对自然之美的欣赏中，经常包含着某种宗教的内容。所谓"宗教的"，就意味着"超世界的"，在这里，我们超越了存在着种种反对物和限定物的无可奈何的世界。阻塞我们一切肉体乃至心理活动的种种反对物和限制物，同时也阻塞我们美的感情自由地向自然流动。感到美的时候，就是存在着活动自由和表现自由的时候。美不在于形式，而在于所表现的意味。这个意味，只有在观察者将自己的全人格投入具有这意味的事物，并与之一起跃动的时候才能被感觉到。这只有在我们生存于一切互相排斥的反对物都不存在的"超世界"时，或者是在这多样性的世界上，一切被我们过分意识到的互相排斥的反对物都被以其原本状态提高到一个更高的秩序中时才能达成。也正是在这样的时刻，美学和宗教融为一体。乔治·萨舍姆对禅热爱自然的性质做了如下评论：

> 禅宗美术家和禅宗诗人是很难理解的，你弄不清楚
> 他们的诗终于何处，他们的画又始于何处。在他们那
> 里，你感受不到人与自然的对立。与其说人与自然是同
> 类，不如说是同一的。正如姉崎[1]教授所指出的那样：
> 倾注他们兴味的，并不是生的表面上的无休止的活动，
> 而是在变化之中和变化之后发现的永恒的静谧。
>
> ——《日本文化简史》

　　这绝不是禅，无论是姉崎教授还是乔治·萨舍姆，都没
有把握禅真正的自然观。禅的美术家与诗人对自然所抱有的
绝对不是同一性的经验，也不是"永恒的静谧"。只要他们
还停留在如此的认识阶段，他们就仍在禅门之外，而不在禅
门之内，就像做梦一样。他们梦见的"永恒的静谧"，并不

---

[1] 姉崎正治（1873—1949）：日本宗教学者。

是禅。诗人和画家只要停留在"变化之中和变化之后"的感觉中，就仍在与陆亘及僧肇相携而走。要想成为南泉的侣伴，他们还差得远呢。对于真正的花来说，诗人和画家与它一起生存，存在于它之中，并只在其生存之时享受着它。这里并不存在所谓同一感，更不是"永恒的静谧"。

在这里我所要强调的是，在禅中，并不承认所谓"生的表面上的无休止的活动"。所谓的"生"并不存在表面与内部，而是一个不可分割的完全的整体，因此并不存在将生本身区别开来的"无休止的活动"。正像在云门的"金毛狮子"例子中所说明的那样，生是作为完全的一者（oneness）而动的，你认为它是静也好，动也好，任你怎样考虑，但诸君的解释都不能改变事实。禅把生作为一个整体把握，与之一起"无休止"地运动，也与之一起静悄悄地停止。在生的闪烁之处，到处都有禅。如果将"永恒的静谧"从"生的表面上的无休止的活动"中抽象出来，生就死灭了，而且连所谓的"表面"也不存在了。禅的静谧存在于"沸腾的油里"，也存在于"汹涌澎湃的波涛里"，同时又存在于不动尊[1]的火焰里。

寒山是唐朝最有名的"疯狂诗人"之一，禅屡屡创造出如此的"疯癫汉"。他有一首诗是这样写的：

　　　　吾心似秋月，

　　　　碧潭清皎洁。

　　　　无物堪比伦，

　　　　教我如何说。

从表面上解释，这首诗被认为是暗示静寂与清澄观念的。秋天的月亮清辉澄澈，普照田野、高山与河流，也许这

---

[1] 不动尊：即不动明王，亦称不动使者或不动尊，佛教密宗五大明王主尊、八大明王首座，毗卢遮那佛（大日如来）的教令轮身。在镇守东南西北中五个方位的五大明王中，为镇守中央方位的明王。不动明王的形象一般表现为周身呈现青蓝色，右手持智慧剑，左手拿金刚索，右眼仰视，左眼俯视，周身都是火焰。一般以愤怒的形象示人，表示驱魔斩鬼。

会使人想到万物一如。可是，寒山踌躇的是，自己的心的运动与这世界之间是否存在着某种比较物。为什么这样说呢？这正如我们可敬的批评家屡屡为之的那样，是把月亮和指月的手指混同了。其实这里展示的既不是静寂和清澄，也不是人与自然的同一性。如果说暗示了某种东西，那就是诗人于无上之境感悟到的极其透彻的观念，他完全从包含着客观世界和主观之心的自身肉体中升华了出去。无论是内部还是外部，不存在任何介于中间的媒介物，他是完全的纯粹。他从这种绝对纯粹、透彻的立场出发，凝望着所谓多样性的世界。看到花、山和千姿百态的万物，他把它们称为美，称为悦。无论是"无休止的活动"，还是"永恒的静谧"，他都同样地去体味。认为日本的禅诗人和禅画家为了进入抽象观念的永恒静谧而避免多样性世界的说法，与禅的精神和日本人爱自然的观念完全相反。这里最重要的是得到"透彻"这一经验，只有这样才能对自然及其多样性的事物奉献非二元性的、原原本本的爱。只要我们还把为了分别主客观而引起的观念上的错觉作为决定性的因素，我们就很难获得充分的

《寒山图》

雪村绘

透彻性，我们对自然的爱就会被二元论和诡辩玷污。

我们再看别的禅诗人。这次是日本人，是近江 [1] 永源寺的开山祖寂室禅师 [2]。

> 风搅飞泉送冷声，
>
> 前峰月上竹窗明。
>
> 老来殊觉山中好，
>
> 死在岩根骨也清。[3]

也许有的读者认为这首诗表现的是孤独感和静寂，但这种看法离题万里，知道禅为何物的人马上就会明白这一点。对于寂室用文字所表达的感情，没有身临其境的体会，不会想到禅艺术家如何理解自然，同时也不能热爱自然。说得

---

[1] 近江：近江国，日本古代的令制国之一，属东山道，又称江州。近江国的领域大约在现在的滋贺县内。

[2] 寂室禅师（1290—1367）：寂室元光。镰仓时代后期至南北朝时代前期日本临济宗僧侣。

[3] 此诗引用汉文原诗。

《寒山拾得图》

曾我萧白绘[1]

---

[1] 日本安土桃山时代到江户时代初期的画家曾我萧白所画《寒山拾得图》，
　　花园妙心寺藏。铃木大拙《禅宗及其对日本文化的影响》（*Zen Buddhism
　　and Its Influence on Japanese Culture*）一书也以此图为插图。

透彻一点，这是用禅的方式理解自然的关键所在，也是热爱自然的出发点。因此，当我们说禅给予日本人热爱自然以哲学与宗教的基础时，就必须充分考虑这种禅的态度与感情。《日本文化简史》的作者推测说，"他们（指贵族、僧侣及艺术家）确信，全自然渗透着一个精神"，"禅的修行者的目的是，祛除我执，平静地直观体会到与宇宙的同化"。可见他不知道对日本人的自然关照做出实际贡献的禅的作用，因为他还没有摆脱"永恒的静谧"以及主客观的精神上的同一性等观念。

所谓精神上的同一性的观念，是说以这种观念摆脱烦恼，体验永远的静寂，因此容易为观念所左右。很多研究东方文化和哲学的研究者认为把握这个观念是解开东方人不可思议的心理的关键。可是这种做法是以西方人的心理对这种神秘进行西方式的解读。对他们来说，实际上除此之外没有别的办法。但是关于日本人，我们却不能原样照搬西方批评家的解释。说得明白一些，禅是不承认在自然的整体之中渗透着所谓"一个精神"的，也不想体现从形成"我执"的事物中净化心灵，体现所谓的同一性。如果按照著者的话，把握了"一个精神"，就很明确地体现了同一性，而且所谓这个同一性的体现之中，还有"烦恼净化"，这让人觉得同一性的后面还有要解决的问题。从肯定和否定的逻辑出发来议论，很难使抱有这样的思维方式的人理解。关于这一点，我们在下一节中再更清楚地加以说明吧。

五

在这里，有必要谈一点禅的认识论。一谈到认识论，似乎哲学的味道过浓了些，而我的目的是把禅直觉的种种事实谈得清楚一些。禅所发挥的特性，是排斥所有概念性的媒介。如果为了理解禅所经验的种种事实而利用某种媒介物，就一定会使经验的本质变得暧昧，使经验的实际状况变得不那么简明，第三者的出现所带来的经常是复杂暧昧。因此禅讨厌媒介物，学禅者被教导去直接究明对象。在禅的锻炼中，虽然也用"同一"这个词，但其实这个词并不正确。从根本上讲，"同一"经常使人预想主观与客观这两个词根本上的对立。实际上所谓"必须通过禅完成主客同一"这样的两词对立一开始就不存在，应该说绝对没有什么主观和客观的区别。我们所具有的分别和分离，都是后来被造出来的。这里所说的"后来"，也绝对不应包含时间的概念。因此禅所瞄准的，是返回到本来的无分离的体验中去。换句话说，就是还其原本的纯粹透彻的状态，所以禅不容许概念上的分别是有理由的。从这一点出发，必须预先给予同一性和静寂性论者一个警告。他们正在为观念所支配。必须面向事实，在事实中生存，和事实一起生存。

唐朝的长沙（南泉的弟子）某日从山中散步归来，至寺门，首座[1]问道："和尚去哪里了？"

"我从山里散步回来。"长沙回答。

首座追问："山中何处？"

"我先到了草香四溢的原野，然后眺望落花凋零归来。"

---

[1] 首座：佛寺四大班首之一，其地位仅次于方丈和尚。

　　这里难道存在某位论者所谓的"变化之中及其背后的静寂"吗？并且，长沙悠闲漫步的草地和落红满地的山野与他自己之间，会有他所感知到的所谓那若隐若现的同一性吗？

　　一天晚上，长沙与友人仰山（814—890）一起赏月。仰山手指月亮说道："谁都拥有一个月亮，只是不会使用它。"（难道这也在暗示着"同一的精神"和"静寂"吗？）

　　长沙答道："君言极是。不过我倒想用它一下。"（对于着眼于"同一"和"静寂"的论者来说，应该怎样"使用"月亮呢？）

　　"我倒是要看一看你如何使用它。"（这个和尚当时进入常寂涅槃 [1] 状态了吗？）

　　长沙马上起身，将伙伴踢倒在地。仰山慢慢站起身来说："你真像一头老虎。"（如果这头"老虎"像金毛狮子那样大吼一声，恐怕立即会使批评家们所尊崇的"精神"幽灵般地消

―――――――――――

[1] 常寂涅槃：真体离无灭之相称作"常"，绝烦恼之相称作"寂"。《成唯识论述记》云："不生不灭绝名相于常寂之律。"涅槃：佛教用语，意指清凉静寂，恼烦不现，众苦永寂；具有不生不灭、不垢不净、不增不减，远离一异、生灭、常断、俱不俱等中道体性意义，即成佛。

《南泉斩猫图》

贤江祥启绘

失，"静寂"亦已不复存在了。）

难以想象，欣赏皎洁月光的禅宗诗人竟会演出如此"异常"并且充满活力的一幕。我们也可以借此休息一下，联系有关日本人对自然的热爱，考虑一下禅的意义。乍一看，这里的两个人喜欢冥想又热爱自然，但是摇动他们心灵的，到底是什么呢？

禅的认识论不以观念为媒介。诸位若要理解禅，无须深思熟虑，亦不必左顾右盼，直截了当即可。否则在思考与顾盼之际，诸位所追求的东西早就飞走了。所谓的"直接把握主义"，是禅的特色。如果说，希腊人教我们怎样去推理，基督教我们如何去信仰，那么禅则告诉我们要超越逻辑，遇到"看不见"的事物也无须踌躇。禅的精神在于发现不允许任何二元论存在的绝对见地。逻辑源于主客分别，信仰区别看得见与看不见之物。按照西方的思维方式，此与彼、理性与信念、人和神等，无法逃脱永远的二律背反。而禅把这些全都看作妨碍看透生与实在本性的东西并一扫而光。我们靠禅达到的是空的世界。在这里，没有任何观念主义的蔓延。

这里生长着无根之树，飒飒清风吹拂着大地。

禅的特性虽然看起来如此简单，但是以此我们仍然可以知道禅的自然观。禅存在于自然之中并且爱自然，并非"同一"观念或"静寂"观念，自然总在不断运动，绝不会凝然而止。爱自然就应在它运动之时把握它，评价它的美的价值。寻求自然的"静寂性"无异于扼杀它，要它停止运动，最后得到的则是一具"尸骸"。"静寂"论者是抽象与死亡的信徒，那里没有任何东西值得爱。所谓"同一"也处于静止状态，无论如何也是与死联系在一起的。人类死去，回到他的由来之处——土地，与土地化为同样的东西。所谓"同一"并非一定要去追求高超之物。我们必须突破横亘在自然与自我之间一切这样的障碍，只有清除了这些，我们才能洞见自然那生动的灵魂，与其共生。这里有爱的真正含义，为此必须清除观念性的立场。在禅中，当我说"透彻"的时候，就意味着清除，意味着拂拭心灵的镜面。事实上这面镜子绝不会朦胧不清，也没有拂拭的必要，但是有了"同一"和"静寂"，又或者"一个精神"和"自我意识"等观念，我们不得不进行一次大扫除了。

　　这样解释，有人会认为禅是一种自然神秘主义、哲学的直觉主义，是提倡质朴、严格禁欲的宗教，但不管禅是什么，它都会给予我们看透世界的火眼金睛。禅之范围遍及所谓"三千大千世界"[1]的宇宙，甚至超越了这一界限。禅之所以能洞察真实的存在，是因为它旨在探求所有存在的奥秘。禅之所以能够体味纯粹美，是因为具备"三十二相八十种好"[2]这一超人的特征，就像金铜佛像一样，在美的核心中生存。在如此背景之下，日本人对自然的爱在接触美的对象后得以显现。

---

[1] 三千大千世界：略称"大千世界"。佛教说一千个小世界组成一个小千世界，小千世界上覆有二禅三天；一千个小千世界组成一个中千世界，中千世界上覆有三禅三天；一千个中千世界组成一个大千世界，大千世界上覆有四禅九天及四空天。因为这中间有"三个千"这一倍数，因此称为"三千大千世界"。

[2] 三十二相八十种好：佛教术语，是指佛为了度化众生，累劫精勤，行持菩萨道，具备了圆满身相的应身所具有的三十二种微妙形相。常与八十种好合称"相好"。

第三章 禅与日本人热爱自然的情怀（三）

一

　　日本人原本的对自然的爱，当然是对美的事物与生俱来
的美的感觉，而在体味美的心灵的深层，有宗教的因素。如
果没有宗教的因素，谁也不会发掘出纯粹之美，并以此为
乐。不能否定，禅不仅使日本人与生俱来的自然感情极度敏
感，并给予这种感情以哲学及宗教的背景，而且极大地促进
了其发展。

　　起初，即使日本人单纯而淳朴地为他们在周围所见到的
美所吸引，即使日本人从原始人的精灵崇拜中获得启示，并
模仿他们的方式，把自然界中的一切有情无情的事物都看成
富有生命的存在，我们也不能不承认，日本人的美及宗教的
感受性，由于接受了禅宗的教养，得到了更高层次的精神营
养。这种营养以高尚的道德修炼与崇高精神的直观形态，为

日本人所吸收。他们看到白雪皑皑的富士峰顶在广阔天空的背景中耸立，装点着寺院庭院的青松因为"无根""无影"才常新常绿，在敲打自家茅屋房顶的雨滴中，传出古代的雪窦和镜清、西行及道元评论雨音的回声。那渗入寒山及"雨月"老夫妇陋室中的月光，今宵或许又会洒落在大家住宿的设备齐全的现代化酒店上。诸位或许会说，无论有禅无禅，宇宙总是一样的。然而我在这里必须郑重说明，新的宇宙，在禅的眼睛从那四叠半的隐居陋室向外眺望四方时，就会被创造出来。这听起来或许过于神秘，但如果不知道如何体味这一点，就写不出一页有关日本的诗歌、美术及工艺等的历史。倘若离开禅的人生观和世界观，那么，别说日本美术的历史，就是日本的道德、精神的历史也将失去其深刻意义。如果没有这些，日本人将无法抵抗现代科学、机械及追逐商业利益的产业主义空前猛烈的攻击。

　　下面我想谈一下 19 世纪初期生活在越后国 [1]，过着质朴

_____

[1] 越后国：日本古代的令制国之一，属北陆道，其领域相当于现在的新潟县出云崎（除佐渡岛外），是面向日本海、南北狭长的北陆之国。

无华生活的僧人良宽[1]的禅精神。他身为禅僧，也不会像某人所想象的那样，由于禅渗透在日本人生活中而使自己充满个性的语言力量减弱。和他交往的人们，也就是那些他起居生活的社会中的人们，都认为良宽的生活方式很好，并在其中发现某种永久的价值。要想知道风的方向，只要看一叶草就可以了。我们如果了解了良宽，就会知道存在于日本人心中数以十万计的"良宽"。

二

良宽是曹洞宗的禅僧，他的庵在面向日本海的北越[2]地区。从俗世的立场上看，他是"大愚"，是个疯子，缺少我们世俗之人过剩的常识，可是良宽周围的人非常喜欢他，尊重他。那些会使日常生活黯然失色的吵架和麻烦，只要他一

---

[1] 良宽（1758—1831）：日本曹洞宗僧。俗姓山本，字曲，号大愚。越后国人。

[2] 北越：日本包括新潟县和富山县的地区。

出现，就马上烟消云散了。他是优秀的汉诗诗人，也擅长和歌，还是伟大的书法家。村子里和街上的人们都非常想得到他的书法作品，对此他也很难拒绝，因为人们为了得到自己希望得到的东西，想尽了各种办法。

虽然我说他是疯子，是"大愚"，但他却是把"大愚"作为雅号的。他的心无论对自然还是对人，都是多感的。其实他是爱的化身，也就是观音菩萨的化身。他远离村落的孤零零的房子里，曾经在夜间进去过一两次小偷。这个小偷对他家那一带一定是完全不了解的，如不是这样，怎么会选来选去选到了这个贫寒的隐士人家？当然这里没有任何值得偷的东西，小偷大失所望。良宽看到这种情形为小偷难过，就把自己的衣服脱下来送给了他。然后小偷推开房门急急忙忙地跑了，门也没来得及关。月光倾洒在良宽的房间里，诗人良宽不由得诗兴大发：

　　　　盗人匆匆去，

　　　　留下满窗月。

他还留下了下面的诗作：

　　　　心念旅途人，

　　　　今夜可安寝？

　　　　夜黑寒风紧，

　　　　何处寄其身？

据说这首诗亦是充满仁爱之心的隐遁者，在不受欢迎的客人（小偷）再次来访后所作的诗。

被偷的主人自身，一定也在寂寞的草庵中，在滴水成冰的夜晚寒冷难挨。不出所料，第二天早晨，他被冻得浑身发抖，流着鼻涕到父母家里去要寝具了。

良宽对乞丐十分慈祥，自己也是四处讨饭吃。在讨饭归来的路上，偶尔会遇到其他乞丐。无论是谁，他都马上想把自己所有的东西送给那些不走运的伙伴。下面的一首诗就是吟咏如此场景的：

愿吾僧衣大如天，

温暖世间贫寒人。

　　而他自己，却几乎没有任何欲望。近邻有一位大名^[1]，有一天来访问他的草庵，把他带到了城下町^[2]，说想为他建一座庙，供他居住、修行。这位行乞诗人沉默了良久，在对方郑重地催他作答的时候，他写下了如下的俳句：

风卷落叶来，

燃炊柴自足。

　　如此以贫困为荣幸的禅诗人，也是一位歌颂贫困的抒情诗人。他的诗歌，特别是汉诗，充满了这样的情感。良宽是

---

[1] 大名：日本古时对领主的称呼，由"比较大的名主"的说法转变而来，所谓"名主"就是土地或庄园的领主，土地较多、较大的就是大名主，简称大名。

[2] 城下町：以领主居住的城堡为核心来建立的城市。始于日本战国时代。现在日本10万人口以上的城市多是从城下町发展而来的。

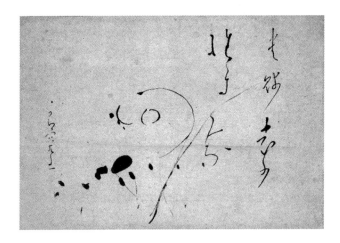

良宽《自画赞》

来源：ColBase

唐代寒山的热烈的赞美者，一读他的诗，马上就会感受到寒
山鲜活而高尚的精神氛围：

> 褴褛又褴褛，褴褛是生涯。
>
> 食岁乞路边，家实委蕧莯[1]。

---

[1] 蕧莯：杂草。此诗引用汉文原诗。

　　看月终夜啸，迷花言不归。

　　自一出保社[1]，错为个驽骀[2]。

三

　　良宽从佛教的博爱精神中究竟学到了什么呢？从下面的诗中我们略见一斑：

　　过去已过去，

　　未来尚未来。

　　现在不复住，

　　辗转无相依。

―――――――――

[1] 保社：旧时乡村的一种民间组织，因依保而立，故称保社。宋代刘克庄《贺新郎·癸亥九日》词："留得香山病居士，却入渔翁保社。怅谁伴、先生情话。"

[2] 驽骀：指劣马。《楚辞·九辩》："却骐骥而不乘兮，策驽骀而取路。"

许多闲名字[1]，

竟日强自为。

勿存旧时见，

莫逐新条知。

恳恳偏参穷，

参之复穷之。

穷穷到无穷，

始知从前非[2]。

　　这首诗表现的是良宽在过上一任"永劫之业"之流转的"痴人的生活"之前，忘我研究佛教的情形。

我生何处来，

去而何处之。

---

[1] 闲名字：无用的概念、指称等。

[2] 最后四句诗的意思就是：要真心研究佛理，研究了再研究，最后研究到了无心无我的境地，就知道自己过去的错误了。此诗引用汉文原诗。

独坐蓬窗[1]下，

兀兀静寻思。

寻思不知始，

焉能知其终？

现在亦复然，

辗转总是空。

空中且有我，

况有是与非。

不知容些子[2]，

随缘且从容。

如此"什么都不知道"，而且委身于"业"，任"业"而动的哲学，在实际中会产生什么样的效果呢？良宽绝对被动、依存、空的生活，到底是怎么回事呢？他的草庵十分简

---

[1] 蓬窗：现在一般写作"篷窗"。
[2] 些子：少许，一点儿。此诗引用汉文原诗。

陋，也就是他所说的"容身足"的简陋程度。他将这个草庵
起名为"五合庵"，所谓"五合"[1]，是足够一个成人吃一天的
米的量：

索索五合庵，

室如悬磬然。

户外杉千株，

壁上偈数篇。

釜中时有尘，

甑里更无烟。

唯有东村叟，

频敲月下门。

觉言不能寝，

曳杖出柴扉。

---

[1] 合：日本的容积单位，约为一升的1/10。

> 荫虫鸣古砌，
>
> 落叶辞寒枝。
>
>
> 溪邃水深远，
>
> 山高月色迟。
>
> 沉吟时已久，
>
> 白露沾我衣。

四

他是贫寒、孤独的使徒，更确切地说，他是伟大的自然神秘主义者。良宽对一切自然及自然事物、动植物，都抱有极其温厚的感情。他的诗中常言及草庵周围的竹林，这里一定生长着许多竹笋。想来良宽可能是喜欢吃笋，喜欢竹子挺拔、笔直、四季常青的样子。竹子牢牢地扎根于大地，它的

良宽自画像及自赞和歌

枝干是虚空的，象征着"空"。良宽喜欢竹子这种性质。有一次，竹笋延伸到庵的地板下面，把地板拱破了。对此良宽感到很有意思，可是竹子越长越高，草庵里的空间不够了。为了给竹子生长的空间，良宽想把房顶打开一个洞，于是他拿来蜡烛想把房顶烧破。良宽也许认为，如果干得顺利，这是最快、最简单的办法。也或许他根本没有这样想，只是为了给新竹以生长的空间，而蜡烛正在跟前，顺手拿过来烧了。可是不巧，火蔓延开来，燃烧的面积比他预想的要大，把整个草庵，当然也连同那棵竹子全都烧光了。为了竹子烧房顶，真是愚蠢至极——从现实上来考虑也许是这样，但是他宽恕自己的愚钝。不，毋宁说他还充满了想赞美自己的愚钝的心情。在良宽对竹子的心情中，可以说有一种纯粹，更确切地说，有一种神圣存在。在纯粹的爱的行为里，总会有这样的东西。我们人在考虑所有的问题时始终离不开实际利益，离不开贪婪，难以服从出自纯粹的冲动的感情。我们都不止一次谨慎地抑制、抵抗过自己这样的冲动吧？我们内部的这种冲动，未必会像痴迷于诗的人那样纯洁无瑕，也许这正是我们在意识上抑制、阻止这一冲动的理由。如果是这样，那么我们在评论良宽的是非之前，应该先对我们自己生活中一些不纯的诗趣进行净化。

良宽也爱松，这从他的诗中可以看出来。他也许不是了不起的清谈家和写作者，但是从他敏感的心灵通过的一切事物，他都能写到诗中。他把这时时刻刻的心情，或是用汉诗，或是用和歌，或是用俳句，或是用民谣俚曲，或是用《万叶集》风格的长歌 [1] 写出来。对于所有这些诗歌的形式，他都很在行。但是他不被这些诗歌形式的文字规则束缚，常常无视这些规则。为了表现自己的内在生命，他选择当时喜欢的某种形式来写。他的文学创作，使我们更真切地感受到了鼓动他自己内心的情绪。他曾歌吟国上山 [2] 的一棵松：

---

[1] 长歌：和歌中的一种形式。和歌是日本的一种诗歌形式，起源于奈良时代（710—794），是受汉诗影响而发展起来的，但和每句音数相同的律诗不同，和歌每句是 5 音和 7 音相交错，原有长歌、短歌、旋头歌、片歌、连歌等多种形式。一首长歌有若干"联"，奇数联较常见，每联两句，分别是 5 音和 7 音。

[2] 国上山：位于新潟县燕市的山，海拔是 312.8 米。位于与角田山和弥彦山相连，通常被称作"弥彦山脉"的连山的南端。在江户时代后（转下页）

国上[1]大殿前，

毅然一青松。

风霜染千秋，

巍峨连神灵。

朝见不忍离，

夕来仰葱茏。

相逢永不厌，

浩然入苍穹。

这棵老松一定是有一种特别的魅力。其实无论什么树，一旦历尽沧桑，成为老木，就会在观者心里引起一种不可思议的感情，将人带到无时间的永恒彼岸。

在岩室[2]也有一棵松，引起良宽深深的爱怜之情，这棵松

（转上页）期，由于良宽住在此山出名。从山顶向南不到1000米的山腰上
有国上寺。国上寺的前边，有良宽住过的五合庵及乙子神社。

[1] 国上：指国上山。

[2] 岩室：原新潟县中部、新潟市西南部的村落。在弥彦山东麓，面向日
本海。

树也一定经历过无力将枝叶伸展、扩大的小松树的时代。有一次，良宽看到这棵在暴雨中湿透了的松树，写下了一首诗：

　　　　岩室田中一棵松，

　　　　满身湿透阵雨中。

　　　　孤松若与人相同，

　　　　送去蓑笠遮寒风。

　　日本是松树与杉树之国，杉树群生或几棵并列比较好看，而松树一棵独立更显潇洒。日本松树一般都是枝叶不规则地伸展，盘根错节。在漫长岁月中，房前长出的一棵老松，对于学者和僧侣来说，是安慰心灵的挚友。良宽对在田野中被雨淋透的松树的感情，当然是爱怜之情。而在西行那里，由于松树处于不同的环境，人的性格亦不同，至少那时他和良宽的心情是不同的，因此西行写下了如下的诗：

　　　　久住此草庵，

今日将出行。

静思松与我，

同伴孤单影。

郁郁青松翠，

为吾保长生。

无人凭吊身，

后事托汝行。

五

　　爱好树木的良宽，甚至和虱子、跳蚤、蚊子都是亲密的朋友，他对万物都抱有人性的慈悲之情。这可能很难让人认同。有一个一直流传的故事，讲的是他对虱子的同情。这些故事排列在一起，能够很好地说明良宽平等地对待其他形态的生命的心情。在阳光和煦的秋天，他经常让虱子在日光下玩耍，让它们晒日光浴。他把它们从自己的内衣里一个一个地取出来，放在一张纸上，放在阳光下。到了午后还没太冷的时候，再把它们一个一个地拾起来，放回自己的怀中。

跳蚤虱子如鸣虫，

武藏野原在心中。

这种话题可能不太好，但是他对如此的生物纯洁无瑕的爱，有时会温柔得让人怦然心动。从现代的卫生、清洁观点来看，把如此的生物放进怀中会受到许多指责，可是我听说英国的绅士及淑女们在不太久远的过去，也并非与此虫无缘。那时人们戴假发，一个理由就是遮盖这麻烦的小虫，但是有时就连假发也生满了虱子，因为我说这不是那么遥远的过去的事情，所以有人会觉得奇怪。有一位学者说："在18世纪以后的很长一段时间里，虱子被看作理所当然的存在。"[1] 这位学者还告诉我们，在乔治·华盛顿（George

---

[1] Hans Zinsser, "History and the Louse," *The Atlantic Monthly*, January, 1935, PP.22-31.（铃木大拙英文原著中对此处的注释为"Dr. Hans Zinsser in *The Atlantic Monthly*. January. 1935."）

Washington）14 岁时所写的《礼仪心得》（*Rules of Civility*）的一节中，有下面一段话值得注意："不要在他人面前杀死跳蚤、虱子、虮子等害虫。看到污秽和唾沫等，要巧妙地用脚将其掩盖。如果朋友的衣服上有这些东西，悄悄为其取掉。如果有人替自己去掉了身上的这样东西，应该感谢这个人。"

良宽自己的性格像孩子一样，并且也特别喜欢孩子，喜欢和孩子们玩，一起捉迷藏、玩手毯 [1] 等。一个傍晚，他和孩子们玩捉迷藏。轮到他藏的时候，他把自己严严实实地藏在了稻子堆下面。天色渐渐黑下来，找不到良宽的孩子们也都回家了。第二天早晨，一位农夫来了，为了开始干活，必须把稻堆挪开。挪开稻堆的时候，他发现了良宽，吓了一跳。他叫道："良宽先生，你在这种地方干什么呢？"

而这位疯狂的诗人慌忙对他说："小点声，孩子们会发

---

[1] 手毯：又称手鞠，是日本自古以来就有的一种玩具，小女孩们经常玩。最初只是在球芯上缠绕一些线做成，约 16 世纪末，球芯换成以棉线做成的有弹性的球体，并在上面缠绕彩色丝线形成几何图形。

现我的。"

他就这样在稻草下等了孩子们一夜，丝毫没有考虑孩子们会像大人一样撒谎、不讲信用。

他的推理法，和我们这个不真实的世界，也就是我们普通人的推理法是不同的。他所遵从的是那种为了救竹子而烧房顶的推理法。他十分纯真，因此无论如何也要把自己藏好，让那些幼小的、天真无邪的，但又是很淘气、心情变化无常的朋友们找不到他。为此他在野外过了一夜。

这个故事听起来多少有些极端，也许人们会怀疑它的真实性，但是这个故事得以流传这一事实，却确实证明，他无论什么时候都完全有可能做出这种事来。

今天我们生活在多种墨守成规的事物之中。我们是构成属于组织的现代人的心理背景和所谓意识形态的观念、想法、传统和流行的奴隶。我们无法像惠特曼（W. Whitman）所忠告的那样行动。无论是谁都处于完全的奴隶状态，但是都不醒悟，也不敢承认这一点。而良宽任从自己的感情而动，而且他的感情无比清静纯洁，没有一点利己主义的污秒。我们见到他，仿佛进入了与我们完全不同的世界，感到神清气爽。在他对孩子们的爱中，有和他对一棵松、对拱破地板的笋的感情相同的因素。在这里我们可以看到独立自在的心理轨迹。

他喜欢与孩子们一起玩手毽和玩具口袋，这也表现了他自由的游戏之心。我们虽然皆有此心，但是会意识到这样的游戏有伤大人的尊严，因此很难忘我地投身其中。

在玩手毽和玩具口袋时，要唱流行歌，还要数数。两只手换着拍球，伴有节奏性很强的调子。这样的玩法也许是很单纯的，但这正是良宽纯真无伪的心理能量的出口。大概出于同样的理由，他也喜欢农村节日庆典的朴素的舞蹈。有一次，他装扮成年轻的女人和村里人一起跳舞，被人发现了。在他附近跳舞的人认出了他，但是这个人没有说良宽的舞跳得好，而是说："这位女子的舞跳得很好。"这话是故意想让良宽听到，当然的确也传到了良宽的耳朵。后来良宽充满自豪地向朋友们谈起了这件事。

六

我们大家恐怕都抱有这样一种强烈愿望，就是重返简朴的生活形态，也希望感情的表达方式及获取知识的方法更加简单。所谓"唯神之道"，就是以此为目标的。我虽然并不精确地了解"唯神之道"的主要倡导者[1]用"唯神之道"这四个字的真正用意，但我觉得其所言无非是要回归想象中的人类来到世上之前的诸神之道，使其道获得再生，或得以保持。这条路为自由、自然、自发之路。我们对今后的道路为什么会感到迷茫、彷徨呢？这里有重要的根本性的宗教问题，这个问题的解决，将成为我们理解禅宗的某种形态以及日本人爱自然的一把钥匙。当我们说"原本的自然状态"时，其首要意义在于自由、自发地吐露自己的情感，直截了当、

---

[1] 在铃木大拙此书成书的 20 世纪 30 年代，日本宗教家谷口雅春（1893—1985）创建了新宗教团体"生长之家"。他宣传"唯神实相"，主张实在世界是"善的一元"，所有存在都是神所创造的善的一元的世界，主张"唯神的善的一元"。可能铃木大拙此处指的就是这种思想。

毫不踌躇地回应周围环境，毫不顾忌自己所为将给自身及他人带来什么样的功利性效果，消除考虑有关这一行为及这一行为发生以后所获的利益、价值、功绩、结果等的余地。从这个角度来说，所谓本来面目，意味着变成孩童。当然，这样说并不一定意味着智力上的单纯和情感上的粗野。从某种意义上看，孩童是充满利己冲动的。在体现这种冲动时，他们完全是本来面目，毫不迟疑，不考虑在实际的、世俗的社会有效与否。从这一点上讲，孩童是天使，就像神一样。孩子们无视那些让大人们富有良识、遵纪守法、因循守旧的世界中的一切社会性工作，绝不以接受充满了虚饰的人工束缚为前提活着。孩子们的行为所带来的结果，不一定符合所谓有教养、精练、细致入微的世俗人的标准和兴趣，但是问题不在于思考的现实性，而在于动机的纯粹性、感情的无私及即时性。倘若有人心灵一点也未被世俗扭曲，我们就会说他天然率真，像孩子一样。这里有某种崇高的宗教要素，因此在表现天使的形象时，经常用带翅膀的孩子的形象。禅宗美

《布袋图》

葛饰北斋绘

术家们之所以爱画寒山、拾得及领着孩子的布袋[1]，就是这个原因。

因此，归返自然并不意味着要回到先史时代原始人那种自然生活中去，而是指自由和解脱的生活。困扰我们现代的生活、使我们烦恼的事情之一，就是我们在日常生活的各个层面所感知到的目的论的观念。这一观念存在于道德、经济、知识及现实生存等方面，但是我们的所谓"存在"，远远地超出了所有这些方面，我们在这些方面难以得到充分的满足。我们追求比道德与知识更深刻的存在。人只要存在于目的论的层面，就绝对不能说是自由的。没有自由，是这个世界产生各种苦恼、悲惨及倾轧的原因。

从这些制约一切的诸多规则、观念中得到自由，是宗教生活的真髓。无论做什么工作，一旦意识到这个工作的目的，我们就变得不自由了。自由就意味着无目的，当然，无

----

[1] 布袋：指中国五代后梁时期僧人契此，生卒年不详，明州奉化（今浙江宁波奉化）人，因常背负一只布袋开口而笑，又称布袋和尚、笑佛。

目的不是放肆。目的这个观念，是人们的智力在某种工作中所理解、所得到的东西。目的论一旦进入生活，人便成了道德的存在，而不是宗教的存在。在艺术的场合也是如此。当所谓的艺术作品的目的观念过于明确时，艺术就不复存在了，它变成了机械和广告。这时，美逃走了，丑陋的人工之手凸现了出来。艺术的自由存在于无技巧，即无目的。这样，艺术和宗教就接近了。只有自然，才是艺术最完美的样本。那从无边的、遥远的过去就汹涌澎湃的太平洋的波浪，那被洁净纯白的千古积雪覆盖的高耸入云的富士山，都不曾有过明确的目的。在功利主义附体的人的眼里，花是要变成种子的东西，种子里孕育着年复一年的生命。然而，从宗教的、美的角度观察，花是作为花而红、而黄，叶是作为叶而绿。在这样的角度，一切功利主义、目的论以及生物学的观念，都将被自然而然地排除。

　　我们极力赞美那些能够维持细微、精妙的均衡，能够高效率工作的机器，但我们却不想发展成机器。机器和我们是完全不同的东西。它们只是在那里，任何时候都服从我们的命令。不仅如此，我们知悉它的所有部分，知悉开动它的目的。可以说，它的全部构造没有丝毫神秘性和机密，没有自发的创造性，一切都依从物理学、力学、化学和其他被人们发现的科学法则，一切都明明白白。而画家寥寥几笔作出的水墨画，却能使我们心中某种深邃的感情苏醒，引起我们全人格的注意，尽管画看上去往往很粗糙。同样，当我们面对自然的时候，我们的全人格会融化于其中，我们会感到自然的跃动，正像我们会感到自己内心的跃动一样。所谓的"合一"这个词，不能从机械的、逻辑的概念出发去谈它，否则就是亵渎神圣。我们的生命不是片面的。在我们的生命中，有禅的世界。在这个世界的一角，有良宽这样的人，看着人间世界。

七

在进入结论之前，我想多少谈一下《涅槃图》*。也许这

---

* 编注：此处《涅槃图》不指代具体作品。释迦牟尼涅槃的场景常作为绘画题材，书中列举了两幅相应题材的绘画作品。

个题目与这里介绍的内容不太合拍，有人会问：《涅槃图》与日本人对自然的爱及禅宗究竟有什么关系呢？可是我认为，在日本经常作为绘画题材的这类场景，与佛教徒对自然的态度有着意义深远的关联，而且与日本的禅寺关系很深，日本的普通人也非常喜欢。因此，我想在这里指出有关佛陀涅槃场面的几个事实。

至今我还没有探究涅槃概念在史学上的发展轨迹。传说，《涅槃图》最初的构思，更确切地说，《涅槃图》最早的制作者是唐代的吴道子，因此很可能起源于中国。可是现在，我们无从得知《涅槃图》怎样表现了中国人想象力的深度、广度与强度，而它深入人们的宗教意识，确实是在日本。《涅槃图》与日本的佛教徒，特别是禅宗教徒紧紧地结合在一起了。《涅槃图》一定包含着要向我们所有人强力推荐的内涵。

《涅槃图》最卓越的特征，是描绘了佛陀静静死去的情景。他被弟子们围拢着，处于整个画面的中心。我们可以把这个情景和从头到肋流着鲜血、遭受磔刑的基督对比一下。基督的表情极其痛苦，他背负着十字架，不得不直立着。而

《佛涅槃图》

南宋陆信忠绘，现藏于奈良国立博物馆

佛陀没表现出丝毫的烦恼，如同满足地在床上熟睡。垂直的基督，表现着猛烈的斗争精神；水平的佛陀，表现了平和。当我们看到这佛陀的时候，一切与精神满足相左的东西，都从我们的意识中被排除了。

佛陀不仅对自己感到满足，他静静地躺着，对世界的一切，对一切有情无情的事物都感到满足。我们再看一下那些为他的逝去而哭泣的动物及守护神和草木吧！我想，这是具有极其丰富内涵的场面。它强调，佛教徒的生活并不是同自然斗争的生活，而是与自然融为一体的"法"[1]的生活。我觉得《涅槃图》就是在揭示这一事实。

这种与自然融为一体的"法"的生活的观念及感情，使佛教徒直接对周围的自然感到亲切。他们听到山鸟鸣啭，会想起父母的声音；看到池中的莲花，会默然首肯这里存在着无限的佛界的光荣与庄严。因此，在遇到敌人，为了大义不

---

[1] 法：佛教梵语是"达摩"（Dharma），佛教对这个词的解释是："任持自性、轨生物解。"就是说，每一事物必然保持它自己特有的性质和形状，有它一定的规则，使人看到它就可以了解它为何物。

《佛涅槃图》，东京国立博物馆藏

来源：ColBase

得不杀死敌人的时候，他们也会为敌人未来能得到佛的拯救而尽力。再进一步说，他们甚至对为了培育新品种而摘取的牵牛花，为了救助人类的种种理由成为牺牲品的可怜的动物，为了制作杰作而发挥了作用的旧画笔等，都要举行所谓的"慰灵祭"（祭奠仪式）。日本人对自然的爱中，就这样深深浸染了宗教的看法与感情。从这一点来说，《涅槃图》的光辉，充分照耀了日本人的心灵，这是一种富有象征性的启示。

听说将佛、菩萨和动植物放在一起来描画的，是宋代的天才禅僧画家们。在此之前，佛与菩萨被当作一种人的感情难以企及的超越性的存在，也就是所谓超自然的存在。自从禅支配了中国人和日本人的宗教意识后，在这以前可以作为佛、菩萨的特色的那种超然的、与人没有瓜葛的，更确切地说是难以接近的要素被消除了。佛、菩萨从这个超然的舞台上走了下来，和我们这些普通人及普通的动植物，甚至无机的岩石与山岳交往。他们说话的时候，石头点头称是，树木侧耳倾听。正是因为如此，我们才在《涅槃图》上佛陀

涅槃的情景中，看到了诸多形态的动植物等，颇令人感到
亲切。

有名的京都东福寺[1]的《涅槃图》，是该寺一名僧人绘制
的，是日本最大的挂轴画，长约 12 米，宽约 8 米[2]。在 16 世
纪初叶，也就是京都的一大半都化为焦土的内乱时代[3]，细
川[4] 方面军把日本名声最大的画家之一兆殿司[5] 绘制的《涅
槃图》拿到军营中挡风。有一个和这幅名画的绘制相关的传

_____

[1] 东福寺：京都最大的禅寺，临济宗东福寺派的本山，建于公元 1239 年，占
地面积为 20 万平方米，是京都五大寺院之一。

[2] 英文原文为 39 英尺 ×26 英尺，换算后约为 12 米 ×8 米。

[3] 指应仁之乱（1467—1477，应仁元年至文明九年），是日本室町幕府时代封
建领主间的内乱，发生于日本室町幕府第八代将军足利义政在任时期。主
要是幕府"三管领"中的细川胜元与"四职"中的山名持丰（山名宗全）
等守护大名之间的争斗。除九州等部分地方以外，战火遍及其他日本国
土，此后日本进入战国时代。

[4] 细川胜元（1430—1473）：室町幕府末期的武将，室町幕府管领。出身于
室町幕府"三管领"首席细川家。又名源胜元，官位从四位下武藏守、右
京大夫。

[5] 兆殿司（1352—1431）：即吉山明兆，日本室町时代前、中期的画僧。其
画风学北宋李公麟和元代佛画，画法上强调轮廓线的生动，对后代日本绘
画产生了很大影响。殿司是他在寺院里的职称，殿司在禅宗寺院里主要负
责大堂管理和指挥读经等。

说，充分表现了佛教徒的人生哲学。兆殿司在开始绘制这一大作的时候，来了一只猫蹲在他身旁，一直看着画的进展。当时兆殿司需要作岩彩画[1]用的群青颜料[2]，于是他开玩笑地对猫说："你要是把我需要的画具给我叼来，我就把你画到这幅《涅槃图》中。"

在兆殿司以前，不知为什么，是没有人把猫画到《涅槃图》中的，但是兆殿司却对猫这样说了。不可思议的是，第二天，猫真的叼来了他想要的画具。不仅如此，还把他带到了有很多很多画具的地方。画家非常高兴，于是按照和猫的约定，把猫画到了《涅槃图》中。他这么一画，使这幅画出了大名，其知名度前所未有，真是不可思议！这个故事充分说明了日本人对动物的态度。

---

[1] 岩彩画：泛指以矿物色为主要用色的艺术作品。

[2] 群青（ultramarine）：一种蓝色颜料，主要成分为双硅酸铝盐和钠盐以及其他一些硫化物或硫酸盐，在自然状态下生成的矿物群青成分类似于青金石。群青颜料是最古老和最鲜艳的蓝色颜料，无毒害。

八

其实在日本文学中这类话题很多，我们在这里就不多引用了。下面我们从日本文化史的角度，举两三个例子，看看日本诗人和画家笔下的自然。从这里我们可以看到他们对自然的体味有多么深湛，这可能和我们的话题更合拍。这并不限于表现我们在一般的意义上所感觉到的美，也不限于超越瞬息万变的世界这一层次上的事物。这是意义深远的事实。变化的事物屡屡成为赞叹的对象，因为它意味着活动、进步和永远的年轻，这是日本人的特性，同时也是佛教的特性。这和"无执着之德"结合在一起。

众所周知，牵牛花是日本最普通的花卉之一。充满技巧性地处理这种植物，再加以培育，对于栽培者来说完全是一种艺术。一到初夏，日本各地都在举行牵牛花的展览品评会。要想培育出又大又漂亮的花朵，必须十分注意多种条件的变化。常见的农村的墙根、土墙、篱笆等处，在夏季到处盛开着牵牛花。这种花有一个特别之处，就是每天早晨都开新花，前一天的花连一朵都没有。早晨开的花不管多么美丽，在这一天午前都要凋零。这瞬间之美，强烈刺激着日本人的想象力。

在日本人的心理中，可能本来就有这种倾向于瞬间性的遗传因子，或是在某种程度上，这种心理受到了佛教徒的世界观的影响。对于这一点，我也弄不大清楚，但是美是转瞬即逝的，如果不在它生命满溢的瞬间去欣赏、体味，它就会生气顿失，只会变成记忆——这是一个事实。牵牛花就是一个很好的例子：

朝朝牵牛花不同，

旧谢新开永不败。[1]

---

[1] 此诗为后水尾天皇御制诗。后水尾天皇（1596—1680）是江户时代天皇，名为政仁，是后阳成天皇第三皇子，母亲为女御近卫前子。1611年接受后阳成天皇的让位。在位期间为1611年至1629年。宽永六年（1629）退位，退位后，仍以太上天皇身份摄政，另外也致力于和歌与佛道。

美没有过去也没有未来，只有现在。正因为它只有现在，才永远存在。如果大家磨磨蹭蹭，把脑袋转向其他地方，美就没有了。牵牛花与升起的太阳一起醒来，只有欣赏它最初的怒放才觉其美不胜收。莲花也是如此。就是这样，日本人从禅的教导中学到了热爱自然的方法及如何去接触包括人在内的所有贯穿生命的事物。

还有两句诗是这样写的：

> 松树千年终是朽，
>
> 槿花一日自为荣。[1]

这里没有丝毫宿命论的色彩。在松树与槿花之中，都蕴含着一个瞬间，这一瞬间激荡着它们的生命。这瞬间的价值，不能以松树的千年和槿花的一日加以衡量，而是以瞬

---

[1] 出自唐代白居易的《放言五首·其五》："泰山不要欺毫末，颜子无心羡老彭。松树千年终是朽，槿花一日自为荣。何须恋世常忧死，亦莫嫌身漫厌生。生去死来都是幻，幻人哀乐系何情。"

间、自身来衡量。这一瞬间是绝对的。因此美既不会受到宿
命论的玷污，也不会受到所谓"诸行无常论"[1]的荼毒。

日本的牵牛花

摄影：张石

---

[1] 诸行无常为佛教三法印之一。诸行无常是说一切世间法无时不在生住异灭
中，过去有的，现在起了变异；现在有的，将来终归幻灭。三法印的真谛
必须通过正法实修来证得。宋代释道原《景德传灯录》说："诸行无常，
是生灭法，生灭灭已，寂灭为乐。"

　　加贺[1]的闺秀诗人千代女[2]看见井的周围有牵牛花开放，于是放弃从井里汲水而去向近邻借水。那时，她心中充满了花之美及不想为实际目的干扰花之美的慈爱。大概她可以很轻松地把缠绕在井绳和井柱上的植物挪开，但是她绝对没有这种念头。在嫣然盛开的牵牛花里，有某种神圣的东西，尽管是极其普通、到处开放的牵牛花。千代女在一瞬间瞥见了这神圣，而且我们能在这 17 个[3] 音节里汲取她所表现出的多重灵感：

星稀冷露重

牵牛开花萦古井

惜花借水去

---

[1] 加贺：日本地名，现在石川县。

[2] 千代女（1703—1775）：江户时代中期的女俳句诗人，别号素园。51 岁左右剃发为尼，人称"千代尼"。

[3] 日本俳句为 17 个音节。

　　被人们称为"如神的灵感"的东西，在我们观看自然事物时，闪烁在我们的意识中。这一自然物从所谓的常识角度看，并不一定美，也许还是丑的。因为这时，人远远超越了地上人间的技巧，而对寄托这种神秘经验的表现的对象，一般的旁观者只能做出怪异的、现实而煞风景的反应。旁观者要想充分把握这种表现的意义，并洞察在诗人的自然感觉中所蕴藏的秘密，只有与诗人升华到同样高度时才能做到。

　　青蛙通常并不被看作美的生物，但是它在朝露中蹲在鲜绿的莲叶和芭蕉叶上的时候，就会激发诗人的想象力：

　　　　细雨微风吹

　　　　蛙栖蕉叶绿露垂

　　　　阔叶摇翠微（其角）[1]

　　静谧的夏日光景，通过这绿色的水陆两栖小动物，被生

---

[1] 其角：宝井其角（1661—1707），日本江户前期的俳句诗人。

动地描绘了出来。对于某类人来说，可能这种景象唤不起诗
意的解释，是没有意义的。但是在日本人看来，特别是在信
仰佛教的日本人看来，在世间发生的任何事情，都不是无意
义的。青蛙与鹰鹫及老虎同样重要。青蛙一举一动，直接和
生命的本源联系在一起。在这里，人可以读解出最重要的宗
教真理，因此也有了芭蕉[1]的古池俳句。青蛙跳进古池，并
不比亚当从伊甸园堕落差，也是非常重大的事情。这里包含
着显现创作之秘密的真理。

夏日鸟啾啾

云淡天高绿水流

小猫嗅蜗牛（才麿）[2]

---

[1] 江户时代前期俳句诗人松尾芭蕉（1644—1694），被誉为日本"俳圣"。曾
有一首著名俳句："幽深古池静 / 青蛙跳水传清响 / 天籁有回声。"

[2] 才麿：椎本才麿（1656—1738），江户前、中期的俳句诗人。本名谷八郎右
卫门。青年时代在江户与芭蕉交往，后来成为大阪俳句界中心人物。著有
《椎叶》。原俳句中的意象只有"猫嗅蜗牛"，为了翻译时形式统一，译者
添加了一些意象。

这首俳句中包含着人情味、游戏心情和慈爱。有关在游戏般的灵感之闪烁中，包含着深刻的宗教与哲学思索的俳句，我曾举过芜村[1]的作品加以说明：

庭院午时静

古色苍苍寺庙钟

蝴蝶梦正浓

以自然中的如此事象作为题材，在日本文学中，特别是在德川时代[2]发展到了灿烂高度的俳句中到处可见。俳句特别与蝇、虱、跳蚤、甲虫、鸣虫、小鸟、青蛙、猫、犬、

---

[1] 芜村：与谢芜村（1716—1784），本姓谷口，别号夜半亭（二世），画名谢长庚、春星等。他从少年时代开始就爱好艺术。20 岁前后丧失家产，漂泊至江户，拜师学习俳句，随后十年间游历各地，致力学画，后名声大振。1757 年成家，恢复俳谐创作。1766 年与其他俳句作者成立"三果社"，成为一代宗师。
[2] 德川时代：即江户时代。江户时代是德川幕府统治日本的年代，故也称"德川时代"，时间是 1603 年创立到 1867 年的大政奉还。德川时代是日本封建统治的最后一个时代。

鱼、龟等小生物相关，与蔬菜、植物、岩石、山、河等也有很深的关联。众所周知，俳句是表现日本人对自然所抱有的哲学的直觉及诗的品位的最一般的方法之一。我们在这被压缩到最短的诗歌形式的感情中可以发现，日本人对澄澈地反射到他们心灵中的有情与无情的自然事象，是多么具有诗与直觉上的敏感。

当然，俳句体现了近代俳坛的创始人芭蕉的精神，而所谓"芭蕉精神"，不外乎用 17 个音节所表现的禅的精神。

九

联系禅宗来说明日本人对自然的爱，最好的方法莫过于深入茶室的构造中去，分析其种种观念。这里依照一定的法则饮茶，而这一法则绝不是恣意制定的，它是从经过艺术修炼的茶师们的精神出发，在无意识中渐渐培育起来的。在培育这一精神的过程中，日本人对自然的本能通过禅宗哲学，在精神、美感和知识上得到了充分修炼。有关茶道，当你对它的历史，它的实际修炼、条件、精神背景及从这里生发出来的道德氛围，这一切一切透彻了解了的时候，可以说你已经了解了日本人的心理秘密。这个问题是非常有趣的，但是说来话长，以后还会有机会讲。下面围绕茶道这一中心，讲一下在京都大德寺 [1] 一个塔头 [2] 里的一间茶室。

在配置着一连串不规则踏脚石的甬路尽头，有一座极低矮、质朴无华、形状很不显眼的草葺小屋。客人不是从门进去，而是从一种孔 [3] 进入。为了从这里进去，客人需要去掉所有碍事的东西。如果是封建时代的武士，一直不离身的大小两柄佩刀 [4] 也必须摘掉。茶室内为约 3 平方米的四方形幽暗斗室。顶棚甚低，高度不一，凸凹不平，梁柱也未经刨子

---

[1] 大德寺：日本京都的寺庙。创建于 1325 年，时值镰仓年间，位于今日本京都市北区，是洛北最大的寺院，也是禅宗文化中心之一，尤以茶道文化闻名。

[2] 塔头：指在禅宗寺院里，祖师和高僧们死后，弟子仰慕老师们的功德，在大寺、名刹旁所建的塔（多是祖师和高僧的墓塔）和草庵等构成的小院。

[3] 在日本古典茶室中，在墙壁上设有"躙口"，作为客人进出茶室的出入口，一般高度约 66 厘米，宽约 63 厘米，略呈长方形。也有人认为标准躙口是约 67 厘米的正方形。

[4] 武士正装时所持的两把刀。一把是长刀，还有一把是类似匕首的短刀。

《茶室》

矶田湖龙斋绘

来源：ColBase

刨过，多是自然的树木状。过了片刻，眼睛开始适应这一环境，茶室内渐渐显得明亮了。首先映入眼帘的，是悬垂于壁龛处那古色古香的书法作品或水墨画的挂轴，香炉里升起的青烟散发着阵阵芳香，有一种让人精神放松的效果。花瓶小得只能容下那枝一点也不华贵、非常朴素的小花，如在微暗松荫围绕下的岩石底下开着的一朵小百合。这朵谦虚的小花，在这样的气氛中，更显得美轮美奂，似乎在说："为了忘却袭扰自己的世俗的忧虑，轻啜一杯香茶吧！"它完全吸引了这里被招待的四五个客人的目光。

让我们再来侧耳倾听安置在地板上的火炉架上那铁瓶内沸腾的水声。其实这声音并非来自沸水，而是发自沉重的铁瓶。鉴赏家把这声音比作吹过松林的微风，真是再贴切不过了。它使茶室更加幽静，使人感到自己正坐在有安慰心灵的侣伴——白云、松籁的山间小屋中，独自一人，聆听天籁。

在这样的环境中，和朋友一起饮茶，谈论壁龛中的水墨画和室内的茶器等艺术话题，具有奇妙的超越世间烦恼的效果。在这里，武夫从日复一日的争斗中解脱，实业家离开平日塞满脑子的发财之道。在竞争与虚荣的世界生存的人，发现这里虽然简陋，却可以超越相对的有限世界，足以一瞥永恒的一隅，应该是非常有趣的吧。在本章将要结束之际，我想讲一下赵州[1]以禅心招待弟子喝茶的事情。

在西方人眼里，啜饮这种饮料不值得作为什么问题提出。现代生活必须思考的重大事情多得是，而日本人把饮茶吃饭的日常小事看得过重。但是无论他们怎么想，禅师和茶师也一定会继续静静体味他们的禅、茶、侘寂，他们确信自己所做的事的价值。

一次，有位僧人来到赵州这里。

赵州问道："你可曾来过这里？"

"没有。"僧人回答。

"那就请喝杯茶吧！"

又一位僧人来访。赵州提出同样的问题。

僧人回答："从前曾来过一次。"

---

[1] 赵州：赵州禅师（778—897），法号从谂，唐代禅师。为禅宗六祖惠能大师第四代传人，在世 120 年。

"那就请喝杯茶吧！"赵州的话丝毫未变。

后来，寺院院主[1]问赵州："和尚对来过这里和没来过这里的人同样对待，是什么道理呢？"

赵州并未回答问题，而是唤道："哎！院主！"

"在。"院主说道。赵州马上说："那就请喝杯茶吧！"

后来睦州[2]和尚得知此事，对从赵州那里来告诉他这件事的僧人说："赵州是怎么想的？"

"不过是老奸巨猾的手段而已。"僧人回答。

"赵州倒霉了，想不到会被你泼上一身脏水。"睦州说罢，打了这个僧人。

睦州和尚又问一位侍从："怎么看赵州的事？"

侍从恭恭敬敬地向睦州行了个礼，结果和尚也打了他。

后来，来自赵州处的僧人找到那侍从说："和尚为什么

---

[1] 院主：原意为禅寺监事，监事是掌管寺庙财务的职务。古称院主或寺主，后又称住持为院主，故改称原有之院主为监事。这里应该是监事的意思。

[2] 睦州：睦州道明（780—877），唐代僧人。黄檗希运禅师之法嗣。又称道踪。江南人，俗姓陈。居睦州（浙江）龙兴寺。

打了我之后也把你打了呢？"

"除了和尚谁还肯这样打我呢？"

如此看来，喝一杯茶并非小事，这里其实包含重大的结论。而所谓茶道，也可能包含值得论述的日本文化史的要素。

第四章 禅与日本人热爱自然的情怀（四）

在下面所举的诗中，可以看到日本人对花及大自然中的一切怀有多么热烈而执着的爱。

为了说明这一点，我举的这些例子都是在日本和歌里随手拈来的。如此深厚的爱自然的感情，虽然未必与禅的教导结合在一起，但是正像我在许多地方所说的那样，禅加深了日本人心中美的敏感度，并有力地促进日本人的心扎根于来自对自然之神秘的理解的宗教直觉。

和前面所举的例子一样，和歌的英译，几乎都是按照文字的字面意思直译。这是用英语的表现形式所传达的最小限度的原意，但是日本诗歌的纤细感情及文学技巧，是不可能用外语完整无缺地传达的。不只是日本的诗歌，无论用什么语言写成的诗歌，恐怕都是如此。

有人这样认为：日本人在表现诗的感情时，也会像画水墨画时的用笔一样，尽量用很少的语言来表现，这样就产生了 31 个音节的和歌和 17 个音节的俳句。日本人现在仍然完全没有把哲学从生活中，把概念从直接的经验中分离出去。也有人说，日本人还没有完成理性的高度发展，因此满足于和歌和俳句这样简短的诗歌形式。这种诗歌形式无法进行整齐的观念排列，使高度发达的感情充满智慧地展开。有人还会说，日语词汇贫乏有限，用这种语言创作不出伟大的诗篇。这些批评也许是正确的，但是一切概而论之的话，只能表现片面的真理。而对日本诗歌的由来，必须在包含心理、哲学、历史背景的多个领域中，进行适当的分析。

有关日本诗歌，一个最重要的特征就是很短。它省略了诗作成过程中的思想、经验、环境以及从这里可能发生的事情等，这些被省略的事情需要读者补充。因此，读者必须精通诗人活生生的肉体与心理的状态。

日本俳人作诗的天才之处，在于选择意义最深刻的一个关联点，使读者以此唤起包含在这 17 个音节中的所有诗意联想，但是也必须记住，俳句的秘密并不仅仅在于暗示。

　　江户时代的俳句诗人蓼太[1]，有一首有关月亮的俳句。在一个梅雨连绵的季节里，每个夜晚都长隐不出的月亮，有天晚上意想不到地悄悄出现在松荫之间。对此，他一定心旷神怡、惊讶不已。日本的雨季极其阴湿，对于热爱在春宵一片、烟雨蒙蒙的土地上，温柔、静谧地投下慵懒月影的朦胧之月的日本人，这个季节是难以度过的。

　　　黄梅雨蒙蒙

　　　松间明月悄然升

　　　难忘此夜情

　　日本的俳句对于以英语为母语的读者来说也许很难理解，但如果换作中国的五言绝句式的翻译，意思就会更加明了。

---

[1] 蓼太：大岛蓼太（1718—1787），江户时代的俳句诗人。旧姓吉川，讳阳乔，俗称平助，雅号雪中庵、里席、宜来等。和与谢芜村、高桑阑更、加藤晓台、加舍白雄共称为"天明中兴五杰"。

仲夏草屋中，

夜夜闻雨声。

骤然满月出，

满园洒松影。[1]

---

[1] 此处译文为译者参照日文原文译出。按英文版原注，此俳句英译版本出自
张伯伦（Basil Hall Chamberlain，1850—1935）的《芭蕉与日本俳句》（Basil
Hall Chamberlain, "Bashō and the Japanese Poetical Epigram," *Transactions of
the Asiatic Society of Japan*, Vol.2, no.30［1902］.），原译诗为：
"'Tis midsummer，and my grass- hut is dreary；
Every evening I fall asleep to sound of rain.
Suddenly the full moon hangs（in the sky），
And shadow of pine-tree on my garden./"
张伯伦（Basil Hall Chamberlain），英国学者，日本文化研究者，东京帝国大
学文学系名誉教师，于明治时代在日本驻留了 38 年（1873—1911）。是 19
世纪后半叶到 20 世纪初最有名的日本文化研究者之一，也是最早英译俳句
的翻译家之一。
据彭恩华所著《日本俳句史》："中国诗人程剑南（申江人，今上海浦东新
区，字国银，工诗、兼善楷书）曾将此诗译为汉诗：

长夏草堂寂，连宵听雨声。
何时悬月色，松影落庭前。

并为之序云：'蓼太先生者，隐君子也，都人士以为金马侍从之流亚矣。
乙未春，于崎阳客馆得俳谐歌一章，言是先生所著。仆不能读其国字，故
就译士某得解。解者兴在景中，意在言外，大非俗品可知，盖仆亦有所感
也。因赋一绝，写其意，效颦之诮所不辞也。乾隆四十年孟夏月望后三日
云间程剑南。'嗣后宣传一时，成为俳坛佳话，蓼太声名亦因之更噪。"（彭
恩华：《日本俳句史》［上海：学林出版社，1983］，第 48 页。）

在江户正德[1]年间，从醇厚的人情中产生了下面的俳句，现在几乎成了一句谚语。

初雪寒风吹

贫穷孩子拾酒樽

此景何堪哀

这个俳句乍一看似乎有些无聊，但是对于知道初雪是怎么回事、封建时代拾酒樽又是怎么回事的日本人来说，这首俳句是充满哀情的。初雪是一年的冬天里第一个寒冷的日子，同时对于有闲阶级来说，也是去郊外风景秀丽的花园的酒楼里，和几位知己对酒当歌的时候。这位诗人也许就是在赴宴的途中，看见贫穷的少年正在拾扔在道旁的小酒樽。这位少年的衣服看起来很单薄，也许衣衫褴褛，而且还赤着

[1] 正德：日本江户时代年号之一，1711 年到 1716 年之间。此俳句为江户中期大名安藤信有（1671—1732）的俳句，原句为"雪の日や あれも人の子 樽拾ひ"。英文原书文为"Tentoku"（天德）。"天德"为日本平安时代年号，957 年至 961 年。疑应为"正德"（1711—1715），安藤信有正德年间在世。

脚，因此唤起了诗人的同情。这个孩子也是人子，有许多孩子和他年龄相仿，可以在奢侈的生活中饱食终日，这个孩子为什么不得不过如此的生活呢？有关社会公正的念头油然而生。如果他是诗人胡德[1]，大概要写《衬衫之歌》了。

31 个音节的和歌比俳句能多表现一些意思，但是其思想的表现仅仅是暗示性的，因此屡屡需要注释。和歌之所以没有把音节扩展到 31 个以上，其理由之一是，日本诗人要更加充分地表现自己的时候，就会用在日本文学中以种种形态出现的、被称为"散文诗"的形式。

下面把我们引用的表现樱花的诗分为四类主题来加以说明。

（一）主要是与使樱花易散的风和雨相关的内容。樱花最多也就开一周左右，无论如何花期也难以延长。4 月初突然开花，在山野与河岸上铺天盖地盛开。这时，多数其他的树木还是无花无叶的裸干状态，因此它特别显眼。

---

[1] 托马斯·胡德（Thomas Hood, 1799—1845），英国诗人，以创作幽默诗闻名，同时也创作了一些严肃题材的人道主义诗歌，如《衬衫之歌》（1843年）。这首诗的创作动机是对服装工人悲苦生活和繁重劳动的同情及对社会不公正的愤慨。

日本的樱花季节

摄影：张石

（二）歌颂樱花盛开时的美丽。如整个山峰被烂漫花色笼罩的吉野[1]，举目眺望，十分壮丽。温暖的、懒洋洋的阳光穿过雾霭茫茫的大气，照在烂漫的樱花上，使东京和京都的全体市民完全陶醉其中。

（三）诗人们按照各自的趣向对樱花进行诠释，探求花的精神。

（四）等待樱花开放的焦急心情。可以说，日本人重视樱花的一个理由，是樱花对于日本人民来说，是春天的象征。樱花开放的时候，春意渐浓，天也长了起来，人们为冬天离去而喜悦。

（一）

谁知恶风宿何处？

吹落樱华了无痕。

---

[1] 吉野：吉野山，指从日本奈良县中部、吉野郡吉野町的吉野川（纪之川）南岸到大峰山脉北约 8 千米山脉的总称，此地古来一直是樱花名胜之地。

若有殷勤指路人，

寻到风源诉忧愤。（素性法师）[1]

名曰勿来关，

愿风吹不到。

落樱满山路，

扑面风萧萧。（源义家）[2]

春暖心亦静，

赏花意悠长。

何故樱早凋，

令吾黯神伤。（藤原俊成）[3]

---

[1] 素性法师（生卒年不详）：平安时代前、中期的和歌作家、僧侣。桓武天皇的曾孙。三十六歌仙之一。

[2] 源义家（1039—1106）：日本平安时代后期的著名武将，河内源氏嫡流出身，通称"八幡太郎"。

[3] 藤原俊成（1114—1204）：平安时代后期、镰仓时代初期的朝臣、和歌作家。

　　　　樱落如吹雪，

　　　　岂能怨春风？

　　　　忍看凄凉景，

　　　　恨花随风行。（慈圆僧正）[1]

　　　　不怨风与尘，

　　　　何处觅阳春？

　　　　吉野深山里，

　　　　花雨落纷纷。（藤原定家）[2]

（二）

　　　　岁月催人老，

　　　　白发何堪忧。

_____

[1] 慈圆僧正（1155—1225）：平安时代末期、镰仓时代初期的天台宗僧侣。
　　因著有历史著作《愚管抄》闻名于世。谥号慈镇和尚，俗称吉水僧正。
[2] 藤原定家（1162—1241）：镰仓时代初期的贵族、诗人。

今日见樱花，

无悲亦无愁。（藤原良房）[1]

樵夫担柴下山岭，

壮丽奇峰彩云中。

欲问樵夫可知道？

美景是云还是樱。（源赖政）[2]

山中林茂密，

木类何其多？

枝头见春色，

不识树为何。

春深花盛开，

花中识樱色。（源赖政）

煦日暖融融，

---

[1] 藤原良房（804—872）：日本平安时代公卿、诗人。

[2] 源赖政（1104—1180）：日本平安时代末期武士、歌人。

人闲草色新。

山中樱烂漫，

春心在此寻。（贺茂真渊）[1]

吉野樱似云，

美哉不胜收。

欲呼唐土客，

共赏花之秀。[2]（贺茂真渊）

早春落日晚，

应时花始开。

---

[1] 贺茂真渊（1697—1769）：日本江户时代国学大家、诗人。

[2] 此诗的日文原文为"もろこしの人に見せばやみよし野よし野の山の山ざくら花"，铃木大拙英译为：

"Would all people inhabiting this globe

Come to this land of ours,

Come to this mountain of Yoshino

And look and at the cherries in full bloom!"

"all people inhabiting this globe"应译为"全世界的人"，而原文"もろこし"汉字写作"唐"或"唐土"，因此此处译文由译者按日文原文译出。

山樱美如画，

人神喜开怀。(石川依平)[1]

吉野雾深深莫测，

满目山樱花似海。(八田知纪)[2]

身着绯甲 [3] 佩宝刀，

我心唯思山上樱。(落合直文)[4]

　　我们在这本书中屡次提到西行，他的名字不仅在日本文学史上，就是在有关佛教对日本文化的影响的历史上，也是令人难以忘怀的。他虽然是禅传入日本以前的时代的人，但

---

[1] 石川依平（1791—1859）：江户后期国学家。

[2] 八田知纪（1799—1873）：江户时代和歌诗人。

[3] 绯甲：猩红色盔甲外衣，猩红色是日本商人与葡萄牙王国及西班牙帝国商人在 16 世纪中叶及 17 世纪初期进行"南蛮贸易"中的舶来颜色。室町时代后期开始流行，特别是战国时代，武士用猩红色绸纱等织成罩在盔甲外面的衣服，是武士们珍重的颜色。

[4] 落合直文（1861—1903）：明治时代日本和歌诗人，国文学者。

他的精神，他对自然的理解，他与自然共生、与自然合而为一的对自然的热烈思慕之情，使他与雪舟[1]、千利休[2]、芭蕉等人有一种精神上的亲缘关系。芭蕉作为与西行同一阶级的

日本的樱花季节

摄影：张石

---

[1] 雪舟（1420—1506）：室町和安土桃山时代僧人、汉画画家。1467 年访问明朝。代表作《四季山水画》就是在他访问期间完成的。1502 年完成《天桥立图》，使他的绘画艺术成就达到巅峰。他在水墨画中注入民族情感，对日本水墨画具有开拓性贡献。他的画风影响了雪村周继等后继者。

[2] 千利休（1522—1591）：日本战国、安土桃山时代著名的茶道宗师，被日本人称"茶圣"。

人，经常把西行引为精神上的侣伴。西行爱樱花爱到什么程度，从下面他所吟咏的和歌中就可以看出来：

浅春二月婵娟满，

愿在樱花树下死。

西行在这里所指的时间，在日本与中国，是佛陀寂灭的阴历二月十五日，西行可能希望在樱花盛开的时候死去。二月满月时，按阳历算是 3 月末到 4 月初。西行的愿望得到了满足，为什么这样说呢？因为他是在建久元年（1190）阴历二月十六日去世的。他对樱花执着的爱，甚至表现在对死后的展望中。他的愿望，正像如下和歌所吟咏的那样：

我身若有凭吊人，

佛前须供一束樱[1]。

---

[1] 日本人认为人死后都可以成佛，西行在这里是指自己死后变成佛，希望祭奠的人给他供上樱花。

在西行其他的咏樱诗中，也表现了他对樱花狂热的爱，正像他热爱其他自然风物一样。

世外之身无人惜，

自在逍遥生无累。

人人惜花花偏落，

满眼落红何堪悲。

春来樱花绽，

花岂忘春来？

安然待娇艳，

日落仍不开。

横山侧岭过春风，

远近高低各不同。

心急苦等花烂漫，

不知初绽在哪峰？

　　他也和许多日本人一样，极爱月亮。月亮特别刺激日本人的想象力，如果想写日本的诗歌，无论是和歌还是俳句，谁都不能落下月亮吧。这也与日本的气象状态有关，日本人喜欢柔和、优美、幽暗、微妙的暗示，凡是属于这个范围内的东西，无论是什么，日本人都很喜欢。我们并不是充满激情的。日本人虽然时时对地震感到惊骇，但他们还是喜欢在苍白的、抚慰灵魂的月光下静坐。一般地说，我们不喜欢火焰那样光芒四射，具有强烈刺激性的个性的东西。月影虽然也发出光辉，但是由于大气的状态，地上的所有物象都显现不出强烈的个性，一种神秘的模糊状态在扩展，这一点特别打动日本人的心。西行在山中小屋独自居住，与月亮神交，他不能忍受死后看不见月亮的悲伤。由于没有了月亮，其他被月亮照射并发光的事物也就没有了，因此他避忌离开这个世界。事实上所谓清静的国土（净土），不过是体味到如此美的精神的心灵，在超现实世界的投影。

　　无人寻访无人问，

树间月影进草庵。

一朝离尘赴净土,

美月牵魂难舍离。

(三)

夕访山中寺,

落日伴古钟。

喜看樱盛开,

静听花瓣落。(能因法师)[1]

琵琶湖波摇志贺[2],

---

[1] 能因法师(988—1050):日本平安时代中期僧侣、诗人。

[2] 志贺町:在滋贺县的琵琶湖西南岸,南志贺地区。据说曾是景行、成务、
仲哀三代的皇宫的所在地,天智天皇的大津京也在此地营造。后在战乱中
荒废。

瓦砾满目古都倾。

唯见长等山上樱，

峥嵘花色古今同。（平忠度）[1]

日暮征途远，

山樱花下宿。

留吾浓荫下，

今宵花作主。（平忠度）

风来樱盛开，

雨过飘落红。

枝疏花飞尽，

香魂留世中。（伊达千寻）[2]

---

[1] 平忠度（1144—1184）：平安时代末期的武将、和歌诗人。平忠盛的第六子，擅和歌，师事于藤原俊成。

[2] 伊达千寻：查无此人。铃木大拙在 Zen Buddhism and Its Influence on Japanese Culture 一书的索引中记为 "Date Chihiro"（伊达千寻），书中所记生卒年为 1803 年至 1877 年，疑为"伊达千广"之误。伊达千广（转下页）

（四）

　　　　叮咛护山人，

　　　　花开速传音。

　　　　忽闻马蹄疾，

　　　　备鞍迎花讯。（源赖政）

　　　　吉野樱欲开，

　　　　朝朝待花讯。

（转上页）（1802—1877）：号"自得"，江户末期纪州藩藩士，国学者，明治初期的政治家，他是曾任伊藤博文内阁外务大臣的陆奥宗光的生身父亲。铃木大拙在 *Zen Buddhism and Its Influence on Japanese Culture* 一书中引用的和歌英译为：

"Blooming，and then scattering

And leaving all to rain and wind—

The cherries are no more now！

But their spirit for ever remains unruffled"

而伊达千广留有和歌"さけは花ちれは塵とそはらひけるあはれ桜も人の世の中"选自伊达千广：《伊达自得翁全集》(『伊達自得翁全集』) 中的《随缘集》(1926)，第 376 页。此处应该是此和歌的英译。

心寄山峰上，

我心似白云。(佐川田昌俊)[1]

---

[1] 佐川田昌俊（1579—1643）：日本安土桃山时代至江户时代前期的山城淀
　　藩的家臣之长、文人。

第五章　禅与能及谣曲《山姥》*

对于"能"的研究，实际属于一般性的日本文化研究。这里包含着日本人的道德观念、宗教信仰、艺术理想。过去，"能"受到武士的庇护，因此从气氛上来说比较严肃。下面所举的谣曲，是从最普通、最广为人知的200个剧目中选出来的，而且特别有禅味。

《山姥》是深深渗透着佛教，特别是禅思想的谣曲，恐怕是僧侣为了推广禅而创作的。但是由于误解，很多"能"的爱好者对《山姥》的理解脱离了本意。所谓"山姥"，顾名思义，就是"山里的老女人"，但是这里包含着能使我们在不知不觉中怦然心动的爱的原理。普通人没有意识到这一点，始终在误用这首谣曲。对于多数人来说，所谓爱是看起来美好的，充满青春活力的，优美而富有魅力的，但事实上并非如此。爱是不引人注意的、毫无保留的勤奋劳动。引人注目的东西，只是这种劳动的表面结果，人们认为这是美的。本来爱的劳动理所当然是美的，但是所谓爱，就像经常劳动的农妇那样，是憔悴的，由于为他人不断地辛苦劳作，她的脸上布满皱纹，头发变得雪白，她担负着许多必须解决的难题。在这种生活中，辛劳是不断的，但是她高兴地忍耐并承担着，持续着从世界的尽头向另一端的旅行，不知休息，不知停止，也不知放松一下。从如此不知疲倦地劳动这一点来看，把山姥作为爱的化身来表现，是非常合适的。

可以肯定，山姥的故事，从古至今一直在日本人中间广泛流传，而在过去，她未必是丑恶的老年女性形象，只是一个普通的老年人，并广施恩泽。她到村子里来，离去后施福给人们。

山姥在这座山上徘徊，又去那座山，看着村里和山中的人们。谣曲《山姥》的作者，将这种观念融入作品，把山姥作为一种存在于自然与人类背后的看不见的力量加以表现。一般来说，人们喜欢在哲学、神学、文学中谈论这种力量，但是并不想让这样的话题超出议论的范围，不喜欢看到现实中真的出现这种力量。正如经常画龙的画家，当龙现身

《山姥》，出自《百怪图卷》

佐胁嵩之绘

在他眼前，希望他更忠实于自己神秘的形象去画自己时，画家由于过度惊恐，竟然昏了过去。人们唱着《山姥》的谣曲，但是当她慈祥地出现，让人们看到人生深邃之处时，人们就会惊慌失措。

　　因此，正像禅所教导的那样，要想发掘出我们意识中深奥的部分，就不能害怕用自己的手把握现实。

《山姥与金太郎》

喜多川歌麿绘

预先说出这些话，也许我们就能够理解《山姥》。而有关《山姥》的意图，迄今为止一直被许多外国记者和日本人大大地误读、误写，同时翻译谣曲也是很难的，近乎不可能，我自己也完全没有去干这种不可能的事情的异想天开的念头。我在下面所做的，只是去掉这首谣曲中所有美丽的文学润色，讲一下谣曲的梗概。

很久以前，在京城有一名舞伎叫"百魔山姥"。因为她的歌舞绝妙，受到大家的称赞，所以人们用这个名字来称呼她。有一次，她想参拜信浓[1]善光寺[2]，于是带着一名随从，越过北日本的山山岭岭，进行长途旅行。

这首谣曲以那个时代的文学特有的有趣文体，叙述了他们的旅程。两个人走着走着，终于走到了越中[3]与越后[4]的境界——境川：

---

[1] 信浓：日本古代的行政地区，基本和现在的长野县所在地一致。

[2] 善光寺：长野县长野市元善町的无宗派寺院。

[3] 越中：古代日本行政区之一，在现在的富山县。

[4] 越后：古代日本行政区之一，属北陆道，亦称越州，越后国的领域相当于现在的新潟县（除佐渡岛外）。

随从：我们终于到了越中和越后的境界了，在这里先休息一下，打听一下前面的路怎么走吧。

舞伎：我经常听说西方净土在十万亿土的彼方，我们现在是在直接去往阿弥陀佛寺的途中。在临终的时候，阿弥陀佛从那里来迎接我们。从现在开始，我们不乘车马，徒步越过上路之山[1]，走路是一种功德，我们现在正在进行修行之旅。

随从：咦？真奇怪呀！没到天黑的时候呀，怎么天就黑下来了呢？怎么办呢？

正在两个人不知所措的时候，一个女人出现了，并对他们说：

旅行的客人，请让我为你们准备住宿的地方吧。上路之山的山峰远离人烟，夜晚马上就要降临，今天晚上

_____

[1] 上路之山：新潟县的山，在现在的糸鱼川市。

请在寒舍过夜。

两个人非常高兴，接受了女人的邀请。等他们安顿下来，这位陌生的女人请求客人为她唱一段山姥的歌，这是她向往已久的愿望。为此她让太阳提早落山，好把徒步行走的客人迎到自己隐居的小屋里来，而舞伎和随从为女主人能够准确无误地认出他们而狐疑不已：

　　女人：你们不可隐瞒身份，来到这里的难道不是京城无人不晓的百魔山姥吗？那歌中的内容，就是为山姥在山中巡礼而作的，那么现在就请让我聆听这美妙的曲子吧！当然，您可能还不认识您自己所唱的真正的山姥吧？也许您认为山姥是住在山里的鬼女吧？山姥是人是鬼我都不介意，如果说山姥是住在山里的老女人的话，那么山姥无非就是我了，也请唱唱我啦。如果你们真的如此挂念着我，那么为什么不祭奠我，为我祈祷，让我开悟并得到解脱呢？请向广施万种功德的佛献上你们的

　　歌舞吧！正是由于这种理由我才要见你们的。

　　舞伎：真是不可思议。这么说您真的是山姥了？

　　女人：翻过千山万岭来到这里，就是想用自己的耳朵听一听唱我的名字和我的功德，好了，我的舞女朋友，唱起您的山姥之歌吧！

　　京城的舞伎高兴地答应了。在她为使女主人满意，正要开始自己的歌舞的时候，女人对他们说："那么我就现出我的真身，和你们一起唱个通宵吧。"然后，她就消失了。

　　（在这里要赘言几句。我们这些人，特别是哲学家和知识分子，喜欢玩弄观念，讨厌现实。现实一出现，就会恐惧，或是总想把现实压进观念的模子里去。这在某种程度上说是正确的。尽管我们都受到现实主义者的批判，但是我们无论如何都要成为观念论者。然而我们不能忘记的是，存在着既不属于理想主义也不属于现实主义的东西，为了抵达我们自己生存的根干，我们无论如何也要面对这种东西。）

（中间休息）

舞伎和她的同伴答应"山里的老女人"，正准备起舞的时候，老女人做了如下独白：

什么是深深幽谷？什么是无底深渊？在这里能看到因前生的业 [1] 受苦的人，也有因积几世善行而欢喜的人。可是，善与恶不过是相对的东西，它们出于一源，没有可悲之事，也没有可喜之事，如果看到超越的智慧的深层，这里的特殊境界就会毫无掩饰地在眼前扩展。河环绕溪谷而流，岩面对大海而立。巍然屹立在这里的深紫峭壁是谁削成的？在阳光下闪烁的碧蓝的水是谁染成的？

这时，老女人在树木茂密的山里现出她的本来面目，两

---

[1] 业：印度宗教一个普遍的观念。业力是组成因果关系、因果报应的元素。指个人过去、现在或将来的行为所引发的结果的因果链条，也是三世因果中主导轮回的因。故业力不单是现世的结果，还会生生不息地延伸至来世。

个人吓得浑身发抖。山姥的声音是人的声音，头发银白，眼睛像星星般闪闪发光，面色赤红，令人想起房脊两端的兽头瓦。而山姥说："你们二人不用害怕，我之所以让你们看到我的本来面目，是因为我们平时只看到生存的表面。"她想让他们知道在生存的表面的后面，她是怎样工作的，而这一精神劳动表现出的外在结果，就是用如此的形象象征的。接着，山姥和京城舞伎一起演唱山姥之歌的序曲，而这究竟是山姥在唱自己，还是舞伎在歌唱山姥呢？很难区分。两者的歌声混合在一起。这里的关键是，这是在人类的眼前，在日常表演的剧目中，诉说着、歌唱着扮演"山里的老女人"的角色。

这里的歌声，从舞伎和老女人想象与现实、戏剧与人生相遇的奇缘开始：

"花开月满春之宵，"诗人用美妙语言这样说，"春宵一刻值千金"，百魔山姥与真正的山姥的相遇之夜，有比千金更加宝贵的价值。一起为这意想不到的事情歌唱吧！如果用我们的语言能够传达，就让我们尽情地歌唱吧！

　　像鸟儿拍打翅膀那样歌唱，像飞瀑落下那样打鼓，像在风中开放、飘舞的花与飞雪那样舞动，声音和动作皆从佛法中流出，山姥从这座山到那座山，行走徘徊，纵然是千辛万苦，也都植根于佛法。

接着开始叙述山姥居住的临海的山：

　　山原本积尘而成，逐渐高起来，达到几千尺，以至山顶入云。海只不过是积苔露而成，不断积蓄，成万顷波涛，扩展成无涯之水。波浪拍岸，如万雷轰鸣，响彻山谷，填充空洞，而它的回声，也终于在虚空中消失。

　　这里是我的住所，周围是高山峻岭，脚下是深溪幽谷，越过连绵山脉，可见遥远的无涯之水，当真如[1]之月在彼方的地平线上升起，月影无限，银波闪烁，落入轰鸣的万顷波涛。

---

[1] 真如：佛教术语，佛法的真实本质。

风在房后的森林里通过，松涛打破常乐[1]梦。寂寥月影在前，松涛之声在后，好像独处不闻鞭笞之音，不起诤诉之声的古老衙门。

远离人烟，独处山中，时时倾听寂寞的鸟鸣，樵夫的斧声，悟围绕我身的绝对静寂，仰望悟道的顶峰，无限憧憬深邃的真理。俯视无底深谷，思万物沉入无明[2]深重，知我业难终。尔等要来寻找我的住处，则我既无来处，又无定居之所，与云共行，徘徊于群山，海角天涯，都留下我的足迹。我非此世之人，变幻各种形态而生，今日在此，集我业所在，变为山姥之态显现。从万物归一之处着眼，善恶只不过是相对的情形。"色即是空，空即是色"，佛陀神圣的教导在世情之中显现，悟道只能在烦恼中追求。佛陀所在之地，万物俱生；万物

---

[1] 常乐：大乘佛教认为涅槃和如来具有四德，即永远不灭、无苦、自由而没有束缚、清净，此为"常乐我净"。

[2] 无明：佛教术语，烦恼的别称，不能见到世间实相之根本力量，不通达真理，不明白如何理解事相或道理的精神状态，也是执取和贪嗔的根源。为十二因缘之首，一切苦之根源。泛指无智、愚昧。

俱生之处，山姥亦生。一样柳绿，万般花色，迎春送冬，这正是现世与佛法之道。

我在此世，与此世同在之时，帮助村里人到山里砍柴。他们背负着重荷，要在鲜花盛开的树荫下小憩。我与他们一起，分享月光，分担重荷，一直把他们送到村里。他们结束一天的劳作，应得安眠。我也帮助织布的人，尽管这个人自己可能都没注意到。当这些人把织布机放在靠近窗子的地方，在他们忙着穿梭引线之际，伴随着纺车"吱呀吱呀"的旋律，门外黄莺鸣啭，没有人摇动纺车，也没有人看着它，但是纺车却自动旋转，顺利工作。深秋之际，银霜铺满大地，农妇们知道冬天将到，想起冬衣。村里的家家户户，响起了月夜捣布或绸子的砧声，这时山姥的手就伴随着捣衣[1]的声音一起劳

---

[1] 捣衣：古代中日妇女把织好的布帛或其他纺织品铺在平滑的砧板上，用木棒敲平，以求柔软平整，少皱褶，利于裁制衣服等，称为"捣衣"。妇女洗衣时以杵击衣，使其洁净，也称"捣衣"。唐代李白《捣衣篇》曰："晓吹筼管随落花，夜捣戎衣向明月。"

动，恐怕农妇们根本想不到这事吧？你们回到京城，请在你们的歌声中吟唱山姥在勤奋工作时发挥出的各种作用，而我的这种愿望，也是一种妄执[1]，可是无论如何你们都要说起这些，游走、徘徊于群山峻岭，永远是我的工作，不管这将承受怎样的艰辛。

同享一树之荫，同汲一河之水，都是他生[2]缘。这种缘分在我们之间特别深厚。你唱我的事情，也提我的名字，这并不是一时一事的因果，即使你们唱的是表面细枝末节的事情，这也最终会成为歌唱佛陀功德的起因。虽然和你们离别很难过，但是到了离别的时候了，再见，祝你们健康……

说到这里，山姥与"百魔山姥"及其随从道别，不一会

---

[1] 妄执：佛教用语，虚妄的执念，即谓违背缘起之理，而迷妄地执着实我、实法或假名言相。唐代王维《六祖能禅师碑铭》云："皆以实归，多离妄执。"

[2] 他生：佛教用语。相对于今生（现世）的前生（前世）和后生（来世）。

儿，不知消失到什么地方去了的山姥的山歌，从远方传来：

再见了。我正在回到群山。

春来花重低树梢，寻花山里绕。

秋来明月弄清影，为寻佳处望明月，环行群山中。

冬日群山披银装，飞雪相伴山中行。

永远移动不能停，就是我的宿命。

暂且假借山姥之姿，成就你的演艺主题，将此万代

相传，是我的妄执。

看啊，刚刚她还在这里，

但是任何地方都看不到她。

她越过群山飞行而去，

她的声音在山谷里回荡，

她永远在山中徘徊，

消失在无何有之乡。

第六章　禅与茶道、茶人及茶器

我们在这里简单介绍一下千利休的生涯还是有必要的。他是建构日本现在所进行的茶道的人，所有的茶师都从他的子孙那里接受成为茶道教师的许可证。但是，现在的茶道并没有完全继承给予第一代茶人活力的精神，其禅的成分也没有利休时代那样浓重。这也是没有办法的事。

千利休是堺[1]的富商的儿子，泉州[2]堺当时作为对外贸易港是非常繁荣的都市，人们认为茶道首先是在富裕商人之间发展起来的，这也是一种娱乐。商人有钱，自然就能占有并使用茶道中的精美进口器皿等。对于茶人们的珍奇美术品超乎寻常的嗜好，恐怕就是从堺的商人们开始的。在这一点上，他们也反映了足利义政[3]的审美兴趣。在后面我想讲一

[1] 堺：面向大阪湾、位于大阪南的城市。曾是日本古代行政地区摄津国、河内国、和泉国的三国的交界，因此名为"堺"。

[2] 泉州：大阪府西南部泉州地区。

[3] 足利义政（1436—1490）：室町时代中期室町幕府第八代征夷大将军。父亲为第六代将军足利义教，母亲为其侧室日野重子。

下茶道史上的两三件逸闻趣事，通过这些我们可以了解到，不仅是茶人，封建诸侯的所有阶层都对茶器具有异常执着的爱好。他们欣然挥霍重金买珍奇的茶碗和茶叶筒，拥有这些器皿便会在所有的大名、商人、文人之中成为羡慕的对象。

利休在年轻的时候开始学习茶道，到了50多岁，成为公认的茶道大师之一。为此正亲町天皇[1]特别赐予他法名，就是"利休"，他也以这个名字流芳青史。

织田信长是茶道伟大的庇护者，他非常宠爱利休。在织田信长死后，继承了织田信长的事业，并一手独揽当时日本的军事与政治大权的丰臣秀吉也知道了利休的存在。利休成了丰臣秀吉的茶师，受"知行三千石"[2]的俸禄。在与敌人大动干戈的时候，丰臣秀吉也把利休带在身边。在那个不安

---

[1] 正亲町天皇（1517—1593）：日本战国时代天皇，后奈良天皇第一皇子。1557年因为后奈良天皇过世而即位。

[2] 知行三千石：日本平安至室町时代的领地直接支配及江户时代领地间接支配的法律用语。平安时代以后，随着庄园制的发达，变成称呼土地使用和收益的事实的用语。这里是指利休在所分配的土地上收获的俸禄，折算成稻米的生产力为3000石（1石为278升，是成人一年的口粮）。

《千利休像》

长谷川等伯绘，春屋宗园赞

定的时代，茶道为封建诸侯们所爱，就是在戎马倥偬期间，也不能放弃。茶会往往成为一种"模拟政治"，人们认为，诸武将喜欢把自己关闭在四叠半的茶室里，议论重要的政治事宜。

而利休对此坚守沉默，严守秘密。他也是完全能做到这一点的人。

利休曾在"京都五山"[1]之一大德寺[2]中学禅。他引入茶

---

[1] 京都五山：镰仓幕府开府的前一年，也就是建久二年（1191），从南宋回国的僧侣荣西在日本传播禅宗，此后禅风大盛。镰仓时代末期，幕府相继修建大寺院，形成"五山制度"。后醍醐天皇开始建武新政后，五山制度改为以京都寺庙为中心。当时南禅寺和大德寺为五山中占中心地位的禅寺，后足利尊氏与建武政权分离建立幕府，开始了南北朝时代，足利尊氏和弟弟足利直义等因为信仰禅宗，五山制度也以足利将军家归依的禅僧梦窗疏石为中心，以京都的寺院为中心重新制定。在寺庙选择上有数回变更。三代将军的足利义满创建相国寺之后，京都五山和镰仓五山分离，京都五山指定后经过屡次修改，到了至德三年（1386），京都五山定为天龙寺、相国寺、建仁寺、东福寺、万寿寺，另将京都的南禅寺置于五山之上，统领全国寺院。镰仓五山为建长寺、圆觉寺、寿福寺、净智寺和净妙寺。

[2] 大德寺：正式建成于日本正中二年（1325），开山之祖为大灯国师宗峰妙超。位于今京都市北区，是洛北最大的寺院，也是禅宗文化中心之一，其中尤以茶道文化而闻名。大德寺受到当时的后醍醐天皇的保护。建武元年（1334），后醍醐天皇发出圣旨，将大德寺列为京都五山的上位。后足利尊氏与建武政权分离建立室町幕府，开始南北朝时代后，大德寺因和后醍醐天皇关系密切受到足利将军的轻视，至德三年（1386），被排除于京都五山之外，而且被排到了"十刹"的倒数第二位。随着五山十刹（接下页）

道的"侘寂"观念来自禅，他深知，如果不修禅，就难以进入茶道精神。他本人的实际生活，不是"侘寂"的，也就是说，他不是不如意的人。他是具有物质上的富裕条件，拥有政治权力，得天独厚的非凡艺术天才。但是在他心里，无比憧憬真正的"侘寂"生活，而周围的事情，却完全走向他所憧憬的生活的反方向。他本心并非如此，但是仍然被卷入世俗的纠葛，终于由于一个不明确的理由，引起了他的主君秀吉的极大不满，被命令自尽。重罚的表面理由非常琐碎，但是背后一定隐藏着更加重大的，或许是政策上的原因。

（接上页）在足利幕府的保护下不断世俗化，大德寺渐渐从五山十刹的"体制内"脱离，走上了专心修行的独特道路。当时五山十刹被称为"丛林"，而"体制外"的大德寺等被称为"林下"，因此到了千利休的时代，大德寺早已不属于京都五山之内。这以后大德寺受到贵族、武士、富商、文人的广泛支持和保护，不断繁荣。室町幕府以后以一休纯宗为首名僧辈出，日本茶道之祖村田珠光曾师从一休参禅，从而开启了大德寺与茶道的渊源。武野绍鸥、千利休、小堀远州等许多茶人都与大德寺有关。战国时代的武将、将军也有许多和大德寺关系深厚，织田信长的葬礼就在大德寺举行，信长的菩提寺——总见院在大德寺建成。与此同时战国诸大名亦接连不断地在大德寺先后建造了22座塔头。在享德二年（1453）的火灾和应仁之乱（1467—1477）时，原有的伽蓝被烧毁，而在住持一休的主持下，大德寺在堺的富商等的支援下得以复兴。

利休当时已经过了 70 岁。在接到这项命令以后，他退回到自己的房间，点了最后的茶，平心静气地品味茶香，写下了辞世的汉诗与和歌：

人生七十，

力围希咄。[1]

吾这宝剑，

祖佛共杀。

提我圆成一宝刀，

而今我身向天抛。[2]

利休遭逢如此悲剧性的死，是在天正十九年二月二十八日（1591 年 4 月 21 日），就这样结束了他献给茶道和理想化的"侘寂"的丰富多彩的一生。

---

[1] 力围希咄：运气时发出的声音，没有实际意思。

[2] 此诗引用汉文原诗。

有关利休，流传着下述逸闻趣事，是真是假暂且不论，但是反映出利休的性格。

（一）秀吉知道利休家里的牵牛花开得很美，说想去看。第二天早晨，秀吉来到利休家的庭院，却连牵牛花的影子都没看见。秀吉感到很奇怪，但是也没说什么。可是当他迈进茶室，看见那里只插着一枝牵牛花。

（二）有一天，秀吉想难为一下利休，就在黄金的小盆里装满了清水并放进去一枝红梅，然后命令利休说："你用这些来插花吧。"利休马上把小花枝拿在手中，然后揪下花朵，撒在小盆中，盛开的花朵和含苞欲放的花蕾与黄金相映生辉，美不胜收。

（三）春日的一天，利休招待秀吉，秀吉被请进一间约3平方米的茶室。在要进茶室的时候，他看见天井上吊着一个插有鲜花的花瓶，那里面有一枝枝垂樱[1]。鲜花一直伸展到茶室的入口，这情景完全吸引了秀吉，使他心旷神怡。秀吉这

---

[1] 枝垂樱：樱花的一种，蔷薇科，树枝垂下。

个人，虽然倾心于茶道，但原本是喜欢奢侈、豪华的，因此对充溢在整个茶室、盛开的樱花赞叹不已，伫立在茶室门口观赏了好久。

（四）利休在修行茶道的时候，师父让他打扫茶室的庭院。利休出去一看，庭院已经被师父打扫过了，简直就是一尘不染，但是利休马上就悟到了师父的心思，就摇了摇树，让几片叶子落在庭院中。师父见此非常高兴。

（五）利休从"侘寂"的见地出发，对于美极其敏感，稍许不合乎美的志趣的东西，都逃不过他的眼睛。初冬的一天，有人招待他去赴茶会。女婿宗安陪他一起去。一进茶室的院子，看见院子的门非常古旧，宗安称赞说很有"侘寂"味道，可是利休嘲笑说："不仅没有'侘寂'味道，而且极尽奢侈！好好看一下就会明白，这门并不是在附近弄来的，必定是从远离人烟的山寺里得到的。想一想把这东西运到这里的人力，它的价钱非同小可。真正理解'侘寂'的人，会去找一扇现成的门，或去自己家附近卖门的商店，让工匠用现成的旧板子做一扇，只有这样，门才会有'侘寂'味道，而这里只能说是'伪侘寂'。"

就这样，他对女婿进行了现场茶道教育。

（六）利休去长子道安的茶会时，在茶室的庭院里站着，对他带来的客人说："铺路石只有一块高出了一些，看来儿子没有注意到这一点。"

儿子躲在旁边听到了这话，心里想："这也正是我常常觉得不太对劲的地方，父亲的感觉真是敏锐。"

喝完第一道茶，客人们休息的时候，他悄悄地来到院子里，把那块石头底下的土向下挖了一点，修整到了适当的高度。为了掩盖进行了修整，还在那里洒上了水。后来，利休在回去时走过这块石头，马上察觉出这里的微妙变化。他说："道安这小子，是不是听到了我的话了？但他能理解我的话就是好的，这不，在我回去之前就修整过来了。"

（七）有一次，利休与两三个人应邀结伴去参加茶会，茶室的庭院里种着一棵美丽的栎树，小径上铺满了落叶，让人有一种行走在山间小路上的感觉。

"有意思。"利休说。可他又想了一会儿，说："这里的主人没有'侘寂'之趣，怎么不把落叶扫干净扔掉呢？"

　　结果等他喝了第一道茶出来的时候，树叶被扫得干干净净，连一片树叶都没剩。而利休在那里告诉了他的同伴，在这样的时候应该怎么办。后来他教一个弟子布置茶室庭院的心得时，引用了一首能够充分表达自己心情的西行法师的作品：

　　　　栎叶未红已散尽，

　　　　深山寺道多寂寥。[1]

————————————

[1] 铃木大拙英译诗如下：
"Leaves of kashi trees
Even before they were coloured,
Are all scattered
Along the path to the mountain monastery-
Along the path, lone and desolate"
原诗应为："樫の葉の もみぢぬからに ちりつもる 奥山寺の 道のさびしさ。"此诗非西行所作，而为慈圆所作，应为作者之误。慈圆（1155—1225）：平安末期、镰仓前期僧人。谥号慈镇，关白藤原忠通之子。11 岁在延历寺受戒，法名道快，后改为慈圆。这首诗的意思是说栎树没变成红叶就落下来，近乎腐叶，没有什么看头，因此令人感到寂寞。栎树叶是不会变成红叶的。

（应该注意到的是，岩、石、苔藓类的使用，是日本的庭院设计，特别是与茶室庭院相关联的庭院设计的特色，因为这些暗示着主宰山里的禅僧生活及与茶道相关联的一切"寂"的原理。将石头按照它们在山间、溪谷、河床及其他地方时的原本状态使用，会明显增加茶室庭院里的坚实、寂寞、古色古香的气氛。关于如何培育苔藓，专家们知悉各种各样的方法，而不同的苔藓覆盖在岩石和地面上，会表现出远离人烟的山间情趣，这种情趣正是茶室中非常重要的因素。茶道的主要目的，就是彻底逃离商业主义的一切臭气。）

（八）从下面的故事中，我们可以知道，利休是有关"佗寂"的权威。

堺的一名茶师有一个叫作"云山肩冲"的特殊形状的茶叶罐，这个茶叶罐在茶师之间很有名，受到珍重，所有者也为此而骄傲。有一天，利休受招待吃茶，主人使用的就是这个茶叶罐。但是利休好像根本没有注意到它，什么也没说就回去了。茶叶罐的主人非常失望，当场就把它摔在火炉的支架上，摔了个粉碎。他叹息道："要这样的东西有什么用呢？利休一点都不欣赏。"

茶叶罐主人的朋友把碎片收集在一起拾起来，认认真真地粘好，恢复了原来的形态。这项工作的技术含量相当高。修好后一看，已变成舍不得随便扔掉的器皿了。然后他招待利休吃茶，他想：我还使用这个茶叶罐，看利休说什么。

在饮茶期间，利休锐利的眼睛马上就认出了这茶叶罐就是上次那个，虽然经过了修缮。他说："这不是我过去看过的那个茶叶罐吗？这么一修理，真的就成了有'佗寂'味道的逸品了。"

茶叶罐主人的朋友非常高兴，把这个茶叶罐还给了原来的主人。

这个不完全的、粘接在一起的茶叶罐，几次易主，后来落入一位大名手里。在京都的一名茶师京极安知[1]知道此事后，非常希望得到这个茶叶罐。一名医生朋友知道他的心

---

[1] 京极安知：当时宫津藩的藩主，宫津藩是江户时代丹后国的藩。在京极安知的时代，因为占领丹后一国，也被称为丹后藩。藩厅在宫津城（现在的京都府宫津市）。

情后，就去拜访那位大名，说了一些杂七杂八不相干的话之后，装出无所用心的样子说京极安知非常希望得到这个茶叶罐。大名觉得这番话挺有意思，就开了个玩笑："让他付两驮[1]黄金，就给他。"

医生把笑话当真，就把这话告诉给安知，安知说："既然他这样说了，就说我愿意付两驮黄金，求你再去和他商量。"

医生就去大名那里，告诉他："这点黄金不算什么，随时都可以付。"

大名听了之后吃了一惊，他说："其实我从来就没想卖过，无论付多少钱。"

这下事情就麻烦了。主动说要为这事交涉的医生，不知道该怎么办好了。他频繁往来于安知与大名之间，但是事关双方体面，两边最后都意气用事，不肯让步。茶师们都很担心，为解决这起纠纷竭尽努力做种种斡旋。最后双方终于达

---

[1] 原文为"load"，翻译成日语为"驮"。驮：日本江户时代的重量单位，约为135千克。

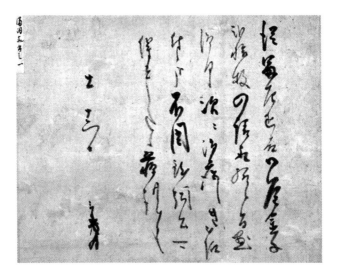

千利休墨迹

来源：ColBase

成协议，安知以设立救济大名领地内穷困百姓的基金的

名义，赠给大名两驮黄金，而茶叶罐由大名免费赠给安

知，这样一来，交涉进展得很顺利，很快成交。两驮黄

金在当时价值 12000 两，换算成现在的钱，有 10 万日元

左右 [1]。

　　安知对于交涉顺利感到相当满意，当然他也花了血本。拿到茶叶罐后，他觉得有的地方粘接得不够理想，需要重新粘接一下，这是美中不足的地方。他去找当时的茶道权威、茶道大家小堀远州 [2] 咨询重新修理的问题，而小堀远州不愧为贤明的茶道评论家，他说："正是因为粘接得有些错牙，利休才觉得这个茶叶罐有味道，它才在茶师中很有名，就这样原封不动地留着最好了。"

　　（九）在日本的住宅中，壁龛以各种方式发挥着很有意义的作用。壁龛起源于禅宗建筑，是为了摆挂神圣的绘画和肖像的。现在壁龛也挂挂轴，同时供有插花与香炉，这些都是禅宗的遗风。总之插花在壁龛中不可缺少，缺了它，茶室

---

[1] 日本度量衡根据时代不同，"两"的重量有很大的不同，作者在英文中也是用"两"这个量词的音译"ryo"。此书成书于昭和初期（20世纪30年代），不知道作者所说的"两"是指哪个时代的重量，而当时日本的物价约为现在的 1/1900，因此 10 万日元折合成现在的日元约为 1 亿 9000 万日元。
[2] 小堀远州（1579—1647）：日本江户幕府第三代将军德川家光的茶道师，本身也是大名。

就不能称为完备。

在丰臣秀吉攻打后北条氏占据的小田原城[1]的时候，后北条氏顽强抵抗，进攻不见进展，双方僵持好几个月。秀吉为了慰劳诸将领，主办了茶会。因为没有合适的花器，秀吉命令利休去找。利休来了灵感，想用一根竹子来做，这是他的独创。以前他也在做竹子花器上下过一些功夫，但是还没有实际应用过。他到附近的竹林里去，发现了一根比较合适的竹子，就亲手将这根竹子做成了花器。由于干燥，竹子出现了裂缝，而裂缝成了这种插花的特殊标志，被称为"园城寺"而广为人知。园城寺[2]（三井寺）是琵琶湖[3]畔历史悠久的寺院，其寺庙里的梵钟因有裂纹而闻

---

[1] 这里讲的是日本战国时代1590年（天正十八年）丰臣秀吉与后北条氏之间的战争。战争起因于后北条氏家臣猪俣邦宪违反秀吉颁发的命令，攻击真田氏的名胡桃城。尽管没有天皇发出的讨伐敕书，但丰臣秀吉以自己是天皇政策的施行者的名分进行讨伐。丰臣军一方面去包围小田原城，一方面攻击后北条氏的领土，最后北条氏政、北条氏直父子开城投降，后北条氏灭亡。

[2] 园城寺：在日本滋贺县大津市的寺庙，天台寺门宗的总本山，开基者为大友与多王，本尊弥勒菩萨，日本近江名胜八景"三井晚钟"所在地。

[3] 琵琶湖：位于日本滋贺县，为日本最大的湖泊。

名。因为联想到这口有名的梵钟，所以利休给花器起了这个名字。

后来，利休朴素的竹子花器在茶师之间被奉为神圣至宝，不仅因其艺术价值，也因为它会引起历史联想。这个花器曾落入家原自仙[1]之手，茶师们十分羡慕他。他的朋友野村宗二为了一睹这个花器，特意从名古屋赶到京都，但是自仙谢绝了他，说："等一年以后再给你看吧。"在此期间，自仙建造了新的茶室，在这里，只有壁龛里摆着的利休的花器是竹子做的，其他地方没有用一根竹子和一件竹子制品。他在这里招待了宗二，让宗二见识了极其适合这件宝物的摆放方法。宗二在一年以前想看遭到拒绝，觉得很遗憾，但是现在他明白了友人用心良苦，因此充满了感激之情。从这里我们可以充分看到自仙在艺术上对利休及利休作品的尊崇之心。

---

[1] 家原自仙：生卒年不明，江户时代中期的艺术品鉴定家。一般认为他和持有利休"园城寺"花器的茶师是同一个人。

　　江户深川[1]有一名叫"冬木"的富商，想得到这个花器，将其放在自己的茶室里，但是自仙不肯卖。后来自仙陷入穷困，他想起冬木曾说过愿意出 500 两[2]买花器。他托人去江户见冬木，对他说：可以饶他 50 两，450 两就卖给他，但是冬木没对这个人说买不买，只是让他回去了，然后自己派人携带 500 两在自仙所托的人后面赶到京都。冬木的使者郑重地把花器买回来了。冬木认为，不可蔑视如此宝物的价值，要脱离商业利益郑重对待。

　　这以后，"园城寺"落入江户时代的大名松平不昧[3]公手里。他爱好茶道，深解"侘寂"之趣。有一次松平招待知己，用"园城寺"花器，里面的水从裂缝中漏了出来，把下面的榻榻米弄湿了。侍臣看到这种情景，就对松平说换

---

[1] 深川：地名。在现在的东京都江东区。

[2] 两：日本江户时代货币单位，一两相当于现在的 3 万—7 万日元，大约相当于人民币 1400—3300 元。

[3] 松平不昧（1751— 1818）：松平治乡，出云松江藩（在现在的岛根县）的第七代藩主，江户时代有代表性的茶师之一，号不昧。

个花筒如何，不昧公说："漏水的地方正是这个花器的风流所在。"

（十）狩野探幽[1]的名字在日本美术爱好者之间广为人知，他对茶道也非常感兴趣，我们把他和茶道结合起来介绍是很合适的。他曾师从利休的孙子，也就是比利休更主张"侘寂"之美的宗旦[2]学习茶道。探幽第一次拜访宗旦是在他20来岁的时候。他发现宗旦新建茶室里的屏风只贴着白纸，不由得非常想在上面挥毫。可是师父宗旦觉得探幽还很年轻，不成熟，难以承担如此重要的工作，因此不接受探幽的请求。探幽也不好固执己见。

过了些日子，探幽偶然来到新茶室，正好师父不在，而屏风仍旧只贴着白纸。他觉得这是个好机会，以前向往的事又在心里活动起来。他早就想好了要怎样在这屏风上一显身

---

[1] 狩野探幽（1602—1674）：日本江户时代初期的狩野派画家。

[2] 宗旦：千宗旦（1578—1658），日本战国至江户时代的茶师，父亲是利休的后妻千宗恩带到利休家的孩子千少庵，母亲是利休的女儿龟。他继承了利休的茶道流派京千家，为京千家第三代，宗旦流（三千家）之祖。

手，因此拿起笔来马上就开始画《饮中八仙图》[1]*。在他越画越入迷，画有了大致模样的时候，听见有脚步声越来越近，听起来像是师父宗旦的脚步声。

要是让师父看见就糟了！想到这里探幽急忙想把画画完。脚步声越来越近、越来越清晰，可还有一个人物的两只手没画完，他急忙草草了事。正要离开茶室的时候，宗旦走

———————————

[1]《饮中八仙歌》是中国唐代诗人杜甫的作品。这是将当时号称"酒中八仙人"的李白、贺知章、李适之、李琎、崔宗之、苏晋、张旭、焦遂八人从"饮酒"这个角度联系在一起写成的诗，原文为：

饮中八仙歌

唐·杜甫

知章骑马似乘船，眼花落井水底眠。

汝阳三斗始朝天，道逢麹车口流涎，恨不移封向酒泉。

左相日兴费万钱，饮如长鲸吸百川，衔杯乐圣称避贤。

宗之潇洒美少年，举觞白眼望青天，皎如玉树临风前。

苏晋长斋绣佛前，醉中往往爱逃禅。

李白斗酒诗百篇，长安市上酒家眠。天子呼来不上船，自称臣是酒中仙。

张旭三杯草圣传，脱帽露顶王公前，挥毫落纸如云烟。

焦遂五斗方卓然，高谈雄辩惊四筵。

现在狩野探幽所绘《饮中八仙图》仍在里千家的具有代表性的茶室"今日庵"中保存。里千家是宗旦的小儿子仙叟宗室开创的茶道流派。

* 编注：此处《饮中八仙歌》参考通行版本，选自（宋）马永易：《新辑实宾录》（北京：中华书局，2018）。

了进来。宗旦一看探幽画出来的画如此高超，不由得惊叹，知道自己以前小看了这位年轻画家的本领。但是仔细一看，人物的手指头左右画反了。宗旦什么也没说，这幅画就这样保存至今。后来，探幽作为将军德川家康喜爱的首屈一指的家喻户晓的画家，这幅画反了手的作品反而唤起了美术爱好者们新的兴趣。

探幽拥有的被称为"种村肩冲"的茶叶罐在茶师圈里成了被赞赏的对象，他自己也觉得这是独一无二的宝物。在明历大火[1]中，探幽的家被烧成灰烬。那时他命令一个使唤人把"种村肩冲"拿出来避难，但是火势不断扩大，使唤人自己也性命难保，就把贵重的传家宝扔掉，好不容易才保住自己的性命逃了出来。大火之后，从京都来的飞脚[2]在路边偶尔看到这个茶叶罐，就拾了起来，回到京都卖到了古董店。

---

[1] 明历大火：明历大火发生于日本明历三年正月十八到正月二十之间（1657年3月2日—3月4日），其惨重程度在日本史上仅次于东京大空袭、关东大地震引发的火灾。与伦敦大火、罗马大火并称世界三大火灾。
[2] 飞脚：古代以运送信件、金钱、支票、货物等为业的人。

牧野亲成[1]听说以后，经过调查得知这个茶叶罐是"种村肩冲"，马上买了来。

过了不久，亲成办茶会招待探幽，若无其事地谈起"种村肩冲"，而探幽为失去"种村肩冲"悲叹不已，并告诉亲成不要再提茶叶罐的事。亲成命令侍臣把这件宝贝拿到客人面前，真诚地说："这就是'种村肩冲'。"

探幽兴奋异常，难以表达自己的激动之情。亲成告诉探幽，只要付给他买价就很高兴地让它物归原主，但是希望探幽能给他画"富岳十二景"。探幽当然答应了。这是很难的画题，需要下很大功夫，也得有高超的技巧。当探幽苦心孤诣画好这套画后，画也成了探幽的杰作之一。

---

[1] 牧野亲成（1607—1677）：江户时代前期的大名，下总关宿藩（现在千叶县野田市关宿三轩家）第二代藩主。

第七章　禅与问答及公案

一

　　为了进一步说明禅在处理一些重要的宗教与哲学问题时的方法，下面举如下两个例子和一名禅师的评论。

　　一个僧人问唐代的大隋法真[1]："劫火[2]发生，烧尽全世界时，不知这个是否会消灭？"

　　大隋说："消灭。"

　　僧人："那么就是随其他的东西去了吗？"

　　大隋："是的。随其他的东西去了。"[3]

―――――――――

[1] 大隋法真（834—919）：唐代禅师。

[2] 劫火：佛教语。谓坏劫之末所起的大火。《仁王经》说："劫火洞然，大千俱坏。"认为当火灾发生时，七日并出，山崩地裂，海枯石烂，大火从地狱烧到色界的二禅天，世界化为灰烬。

[3] 此段文字出自《碧岩录》第二十九则。《碧岩录》：全称《佛果圆悟禅师碧岩录》，亦称《碧岩集》，是宋代著名禅僧圆悟克勤大师（1063—1135）于宋徽宗政和年间（1111—1117）住持湖南澧州（今湖南澧县）夹山灵泉禅院（今夹山寺）的时候，根据雪窦重显（980—1052）的《颂古（接下页）

对于这个问答，宋代的圆悟克勤在《碧岩录》做了如下

注释：

　　　　大隋法真是大安[1]的弟子，东川盐亭县[2]生。他拜了

　　　60 多个师父学禅，在他跟沩山 [3] 学禅的时候，担任管理

（接上页）百则》，加以评唱，又经过他的门人编集，在宣和七年（1125）

成书，共十卷。此书撰成后，在禅林享有盛誉，向有"禅门第一书"之称。

原文为：

僧问大隋："劫火洞然，大千俱坏，未审这个坏不坏？"（这个是什么物，

这一句，天下衲僧摸索不着，预搔待痒。）

隋云："坏。"（无孔铁锤当面掷，没却鼻孔，未开口已前，勘破了也。）

僧云："怎么则随他去也。"（没量大人，语脉里转却，果然错认。）

隋云："随他去。"（前箭犹轻后箭深，只这个，多少人摸索不着，水长

船高，泥多佛大，若道随他去，在什么处？若道不随他去，又作么生？

便打。）

见（宋）圆悟克勤：《碧岩录》（上），入矢义高、沟口雄三、末木文美士、

伊藤文生译（东京：岩波书店，1992），第358—359 页。句读根据原文有

所改变。这里的译文译者尽量尊重铃木大拙的译文，同时也对照《碧岩

录》原文进行适当的调整，以下的《碧岩录》引文亦是如此。

[1] 大安：长庆大安（793—883），唐代禅师。

[2] 东川盐亭县：现在四川省绵阳市东南部。

[3] 沩山：沩山灵祐（771—853），唐代禅师。

火的职务——火头[1]。

有一天，沩山问大隋："你在我的身边也有好几年了，但是好像还不知道怎样向我提出问题。"

大隋说："可是我到底问些什么好呢？"

沩山回答说："如果你不知道问什么好，你就问'佛是什么'就可以了呀。"

大隋马上用手捂住了沩山和尚的嘴，不让他说话。而沩山说："像你这样做，以后找个扫院子的人都找不到。"

大隋后来回到故乡，在埖口山[2]麓建了个小茶屋，招待来往客人，一直坚持三年。后大隋山[3]建禅院，大隋被邀请

---

[1] 火头：掌管炊事的人。

[2] 埖口山：四川省西部的山。

[3] 大隋山：在古代成都府彭州。成都府为古代行政区划，唐肃宗至德二年（757）始设。辖境东起今四川省绵阳、德阳、简阳、资阳等市，西至邛崃山及仁寿、崇州等县市，北至安州区、茂县等区县，南达内江、井研等市县。明清为四川省会。彭州历史悠久，在三千多年前的西周时期便有彭人在此生息繁衍，之后立业兴国，建都瞿上（今彭州通济镇）。唐武后垂拱二年（686）置彭州。明洪武十年（1377）降彭州为彭县，现在为彭州市（县级），由成都市代管。

做此禅院开山之祖。有一天，一名弟子问他："劫火发生，烧尽全世界时，不知这个是否会消灭？"

这个问题出自佛典，根据佛典，宇宙物质世界的历史，要通过生成、延续、破坏、消灭四个阶段，对应佛典中的成劫、住劫、坏劫、空劫，在"劫"[1] 结束的时候，发生大火，一直烧到第三禅天。这名僧人不理解佛典的终极意义。

提问中的"这个"的真实意义，到底是什么呢？有一个人做了知识性的解释，说所谓"这个"，就是万物的本性。

大隋答道："是的，消灭。"

僧人仍然追问："那么就是随其他的东西去了吗？"

大隋："是的。随其他的东西去了。"

这个问答，就是很多不能理解"这个"真意的人的错误所在。大隋说"随其他的东西去了"时的"这个"，是到什么地方去了呢？如果大隋说的"这个"没有随其他的东西

---

[1] 劫：佛教等印度哲学用语，极长的宇宙论上的时间，一劫约为43亿2000万年。

去，又将会是怎么回事呢？因此过去有一个禅师说："如果你们真的想得到这里的真髓，那就什么也别问。"[1]

　　后来又有另外一名僧人问修山的首座[2]："劫火发生，烧尽全世界时，'这个'也会消灭吗？"

---

[1] 此段文字出自《碧岩录》第二十九则。原文如下（句读根据原文和现代汉语习惯有所改变）：

大隋法真和尚，承嗣大安禅师。乃东川盐亭县人。参见六十余员善知识。昔时在沩山会里作火头。一日沩山问云："子在此数年，亦不解致个问来看如何。"隋云："令某甲问个什么即得？"沩山云："子便不会问'如何是佛'？"隋以手掩沩山口。山云："汝已后觅个扫地人也无。"后归川，先于堋口山路次，煎茶接待往来，凡三年。后方出世，开山住大隋。

有僧问："劫火洞然，大千俱坏，未审这个坏不坏。"这僧只据教意来问，教中云："成住坏空，三灾劫起，坏至三禅天。"这僧原来不知话头落处。且道"这个"是什么？人多作情解道，"这个"是众生本性。隋云："坏。"僧云："怎么则随他去也。"隋云："随他去。"只这个，多少人情解，摸索不着。若道随他去，在什么处？若道不随他去，又作么生？不见道欲得亲切，莫将问来问。

见（宋）圆悟克勤：《碧岩录》（上），入矢义高、沟口雄三、末木文美士、伊藤文生译（东京：岩波书店，1992），第359—361页。

[2] 修山首座：指龙济绍修禅师，生卒年不详。据《五灯会元》："抚州（今江西抚州）龙济绍修禅师，罗汉桂琛禅师之法嗣，姓氏未详。初与法眼禅师（清凉文益）同参地藏桂琛和尚。时洪进禅师（后住襄州清溪山）亦在地藏和尚座下参学，居第一座。"首座：禅宗寺庙里修行僧里的第一人者，在临济宗中是一种职称，同时也是僧人级别中的一种。

首座说："不，不会消灭。"

僧人道："那是为什么呢？"

首座答道："因为'这个'与世界是同一的。"

说"这个"灭也好，不灭也好，都是一样的。灭也憋死人，不灭也憋死人。

第一次提到的那个无法理解大隋的话的僧人为此非常烦恼，就去投子山[1]那里找投子和尚[2]，想借助这位禅师的力量解开谜团。

投子问他："你从哪里来？"

"从西蜀[3]大隋和尚那里来。"

"大隋说什么了？"

僧人就把有关"这个"在大隋山的命运从头到尾细述一遍。

_____

[1] 投子山：在今安徽省安庆市。

[2] 投子和尚：投子大同（819—914），唐代禅师。

[3] 西蜀（405—413）：本为一王朝名，有时亦称后蜀、谯蜀，十六国时期由汉人谯纵建立的政权，不属于传统定义下的十六国之一，其统治地区大抵为四川盆地范围之内。后人称此时仍沿用其王朝名字代称地理位置。

　　投子听罢站起身来，燃香向大隋山方向礼拜。然后说道：
"一位佛陀在西蜀出现了，你还是速速回到大隋山为好。"

　　于是僧人又回到西蜀，当他到达大隋山时，老师已经迁
化，这僧人痛惜、羞愧不已。[1]

二

　　有一个僧人问百丈[2]："这个世界上最具有奇迹色彩的是

───────────────

[1] 此段文字出自《碧岩录》第二十九则。原文为：

　　后有僧问修山主："劫火洞然，大千俱坏，未审这个坏不坏？"山主云：
"不坏。"僧云："为什么不坏？"主云："为同于大千。"坏也碍塞杀人，
不坏也碍塞杀人。其僧既不会大隋说话，是他也不妨以此事为念，却持此
问，直往舒州投子山，投子问："近离甚处？"僧云："西蜀大隋。"投云：
"大隋有何言句？"僧遂举前话，投子焚香礼拜云："西蜀有古佛出世，汝
且速回。"其僧复回至大隋，隋已迁化，这僧一场懡㦬。

　　见（宋）圆悟克勤：《碧岩录》（上），入矢义高、沟口雄三、末木文美士、伊
藤文生译（东京：岩波书店，1992），第361—362页。句读根据原文有所改变。

[2] 百丈：百丈怀海（749—814），中国禅宗史上的重要人物，唐代禅宗高僧。
原籍太原，远祖因西晋怀帝永嘉战乱，移居到福州，俗姓王。是洪州宗风
开创者马祖道一大师的法嗣，禅宗丛林清规之制定者。因其后半生常住于
洪州百丈山（江西奉新），故世称百丈禅师。

什么？"

"就是我一个人坐在这里。"

僧人礼拜百丈，于是百丈打了他。

圆悟对此做了如下注释："有洞察之眼的人，需舍身时毫不迟疑，因为不入虎穴焉得虎子。百丈是伟大的禅师，如虎添翼。可是这个僧人不避生死，敢捋百丈的老虎须子，问：'这个世界上最具有奇迹色彩的是什么？'这个僧人具有洞察之眼，因此百丈也不嫌麻烦，回答他说：'就是我一个人坐在这里。'这个僧人就礼拜百丈，僧人应该是没问之前就已经明白，这一礼拜，不同寻常，而是具有洞察之眼。关系好的朋友之间，往往做出互相不了解的样子，心中所想的一切不形于色。（只是这僧人问：'这个世界上最具有奇迹色彩的是什么？'百丈回答：'就是我一个人坐在这里。'）僧人礼拜，百丈便打了他。百丈放手时一切事物适得其所，收手时则拂去一切事物的痕迹。这僧人是出于怎样的考虑礼拜百丈呢？他这样做恰当吗？如果恰当，百丈打他的动机是什么呢？如果不恰当，他又在什么地方不得体呢？事到如此，为能站在最高峰上，识别黑白、清浊，必须有经过锻炼的心力。僧人礼拜，如同触洞中狮子之须，只求个转身之处。所幸百丈老师不被这个僧人狡猾的做法欺骗。老师马上看破在自己面前礼拜之人的用心，有效地使用了这一棒。要是百丈以下的其他人，将对此僧无可奈何吧。"[1]

处理如此宗教哲学问题的禅的方法之秘密，对于没有受过入门教育的人来说，可能上述问答与注释完全就是密码文

---

[1] 此段文字出自《碧岩录》第二十九则。原文为：

学僧问百丈："如何是奇特事？"丈云："独坐大雄峰。"僧礼拜，丈便打。临机具眼，不顾危亡，所以道，不入虎穴，争得虎子。百丈寻常如虎插翅相似，这僧也不避死生，敢捋虎须，便问："如何是奇特事？"这僧也具眼，百丈便与他担荷云："独坐大雄峰。"其僧便礼拜。衲僧家须是别未问已前意始得，这僧礼拜，与寻常不同，也须是具眼始得。莫教平生心胆向人倾，相识还如不相识，只这僧问如何是奇特事，百丈云："独坐大雄峰。"僧礼拜，丈便打，看他放去则一时俱是，收来则扫踪灭迹，且道他便礼拜意旨如何？若道是好，因甚百丈便打作什么？若道是不好，他礼拜有什么不得处？到这里须是识休咎别缁素，立向千峰顶上始得。

这僧便礼拜，似捋虎须相似，只争转身处，赖值百丈顶门有眼，肘后有符，照破四天下，深辨来风，所以便打，若是别人，无奈他何。

见（宋）圆悟克勤：《碧岩录》（上），入矢义高、沟口雄三、末木文美士、伊藤文生译（东京：岩波书店，1992），第333—334页。句读根据原文有所改变。

章。尽管如此，至少在这里可以看到，禅并不是按照普通的推理方法行事，而是具有另外的见地和判断方法。人们也许会问，为什么禅把它这种特殊的地方藏得这么严严实实？难道不能更明白一点表现自己吗？而回答是这样的：禅并不是故意地神秘化。从禅的性质上看，除了中国和日本的代代禅师所采取的方法之外，再也没有其他的禅的教学方法了。如果禅师们像哲学家那样，采取逻辑的或辩证法的方式，禅就不存在了。实际上，他们尽最大可能用生动活泼的方式，用适当的方法表现着他们自己。

从关于全世界被破坏时"这个"的命运的最开始的问答来看，一名禅师说"这个"和其他事物的命运一样。如果把"这个"解释为能与肉体相分离的灵魂的话，就可以理解为灵魂会与肉体一同消灭。而另一名禅师却明确反其道而行之，说灵魂的命运不同于肉体的命运。为什么呢？从他对下一个问题的回答来看，他说肉体就是灵魂，灵魂就是肉体，两者是同一的，所以两者哪个都不会遭到破坏。也许这个和尚的想法可以做如下解释：市井的一般人不用说，就是多数学者，一般都将灵魂和肉体、心和外部世界的区别作为出发点，这是错误的。由于出发点的错误，人们陷入无限的逻辑混乱。而真正理解此种事情最好的办法，就是"什么都不问"。禅就在这样的地方存在。一个问题提出来，就有复杂化伴随，诸如"'这个'被破坏吗？""'这个'不被破坏吗？"等。如果说"'这个'被破坏"，人们就会为自己贵重的"灵魂"和自己认为贵重的东西的命运而陷入烦恼。反之，如果说"'这个'不被破坏"，就会问为什么不被破坏呢，今后它会怎么样呢，它到哪里去了呢，等等，同样会陷入烦恼。

第二个问答，就是切断一切逻辑的复杂化和精神的烦恼。百丈极其积极地做出断定和结论："就是我一个人坐在这里。"

哲学家是心灵的弱者，你要是随从他，他说"我思故我在"。而禅师与这样的辩证法式的诡辩无关，他们直截了当地发表决定性的和最后的宣言——"就是我一个人坐在这里。"

这难道不是这个世界上最具有奇迹色彩的事情吗？禅所希求的，就是牢牢把握住这个奇迹，对此不加任何询问。实际上在这里任何问题都不成立，这不是经过推理的努力就能够得到的结论。百丈在这里把全部真理给予了我们，没有丝毫隔阂。我们也必须以同样的精神，认真、毫不犹豫地接受这个真理，这就是禅给予我们的完整的满足。

三

禅的学徒多使用大乘经[1]，它不只是禅，而是说明一切佛教的根本教义，因此我想在这里叙述一下大乘经的梗概。有了这方面的知识，就能够在知识的范围内（如果用这样的语言表达比较有利的话），使问题更明了。对于禅者来说，我们上面所引用的问答更容易理解，更能切实地抓住要领，但是普通人习惯用语言来讨论问题，因此讲一下大乘经的大要，或许多少有些帮助。然而，即便如此，这里也不存在逻

---

[1] 大乘经：亦称"大乘教"，梵文音译"摩诃衍那"或"摩诃衍"等，佛教两大教派传统（在某些分类中，则列出三大传统）之一，大乘佛学经典的总称。又称大乘修多罗、菩萨契经、方等经、方广经或大方等经等，相对于小乘经而言。大乘经是随着佛学思想的不断发展陆续出现的。

辑性的思想倾向，几乎是连续使用悖论式的表现方法。

　　我们在这里讲一下《维摩经》[1]。这是 7 世纪初，圣德太子 [2] 在日本最初开始研究、注释的"大乘三经"[3] 中的一经。佛教能进入日本，并一而再、再而三地塑造日本人的性格，多亏了被作为"日本佛教之父"而受敬仰的圣德太子。太子的伟大不仅因为他是虔诚的佛教学者，而且因为他是伟大的政治家、教育家、建筑家、社会事业家和各种艺术的创作家。大和法隆寺 [4] 就是太子不朽的纪念碑。因此，接近禅哲

---

[1]《维摩经》：全称《维摩诘所说经》，简称《维摩诘经》或《维摩经》，或称《不可思议解脱经》《净名经》，是大乘佛教的佛经，共三卷十四品，以维摩诘居士命名。最通行的版本由姚秦三藏法师鸠摩罗什译。它以辩论的方式详细说明大乘佛教与小乘佛教在教义上的分别。

[2] 圣德太子（574—622）：日本飞鸟时代的皇族人物，天皇推古朝的改革推行者。

[3] 指圣德太子所著《三经义疏》，包括《法华义疏》，传著于推古天皇二十三年（615）；《胜鬘经义疏》，传著于推古天皇十九年（611）；《维摩经义疏》，传著于推古天皇二十一年（613）。

[4] 法隆寺：又称斑鸠寺，位于日本奈良县生驹郡斑鸠町，是圣德太子领导建于飞鸟时代的佛教木结构寺院，据传始建于 607 年。法隆寺占地面积约 18.7 万平方米，寺内保存有大量自飞鸟时代以来陆续累积的文化财产约190 类，合计 2300 余件。法隆寺分为东西两院，东院建有梦殿等，西院建有金堂、五重塔等；西院伽蓝是世界上最古老的木结构建筑群。

学最好的道路，也许就是熟知《维摩经》的内容。

公元 406 年，《维摩经》由鸠摩罗什[1] 翻译成中文。此经以其深邃的哲学及宗教的洞察力、戏曲性的结构及文学性，不仅在日本，也在中国的精神与知识领域产生了巨大的影响。理解《维摩经》，确实对理解佛教有很大的帮助。《维摩经》在印度究竟是什么时候编撰出来的，难以确定确切的时代，不过应该是在龙树[2] 出生之前，也就是在公元初期。此经的中心人物，是释迦在世时的毗舍离[3] 的富豪维摩。

---

[1] 鸠摩罗什（344—413）：西域龟兹人，东晋十六国时期僧人，是汉传佛教的著名译师。与玄奘、不空、真谛并称为中国佛教四大译经家。父籍天竺，出生于西域龟兹国（今新疆库车）。博通大乘小乘。后秦弘始三年（401）入长安，至十一年（409）与弟子译成《大品般若经》《法华经》《维摩诘经》《阿弥陀经》《金刚经》等经，以及《中论》《百论》《十二门论》《大智度论》《成实论》等论，系统介绍龙树中观学派的学说。译经总数《出三藏记集》作 35 部 294 卷，《开元释教录》作 74 部 384 卷。

[2] 龙树：佛教僧侣、大乘佛教论师，大约生活在 2 世纪，传说是在佛灭后 700 年出世于南印度，于"说一切有部"中出家，在佛教史上具有崇高地位。许多人认为他是释迦牟尼佛之后，大乘佛教中最重要的论师，其著作甚多，有"千部论主"的称誉，其中以《中论》及《大智度论》最为有名。

[3] 毗舍离：为释迦牟尼时代著名的大城市，位于今天印度比哈尔邦首府巴特那的北边。曾经是跋耆国首都。

维摩通晓大乘哲学，是伟大的慈善家、虔诚的佛教信仰者。虽然他没有出家，生活在俗世，但是他清净的生活方式得到世人的称赞。有时，他的心情看起来并不是很好，但这也是他教导人们真理的一种手段：他想告诉人们生命的无常。在毗舍离住着的人们，无论是贵族、婆罗门[1]、官僚抑或属于其他阶级的人们，都为此担心，并去看望他。

释迦也听到了这个消息，想派遣一名弟子到他身边去探望，但是弟子都以"自己没有资格去见这样伟大的大乘哲学圣者"为由拒绝，因此释迦的愿望没能得到满足。因为弟子们都至少见过他一次，都知道一旦和他进行宗教与哲学上的辩论，自己就会惨败。和他相比，自己的水平简直就是难以启齿的。我们下面举一两个释迦的弟子们与维摩有关宗教哲学的对话，也许会很有意思。由此我们会知道，维摩是怎样展开他的论说，并打败释迦的弟子们的。

---

[1] 婆罗门：原意为"祈祷"或"增大的东西"，用于身份时指印度的祭司阶层，主要掌握神权，占卜祸福，垄断文化教育和报道农时季节，主持王室仪典，在社会中地位是最高的。婆罗门教将人分为四个种姓，婆罗门是最高种姓。

维摩诘菩萨

唐，敦煌壁画

有一次，迦叶波 [1] 尊者在贫民之中沿街乞食，维摩出现在他的面前说："你是不是有意在回避富人呢？沿街乞食的时候，你的心必须脱离这种差别意识，你的心里必须充满公平的爱。必须受食如不受。你想到接受，就是分别意识。只有超越了我与非我、善与恶、得与损这些观念，你才能把从施舍者那里得到的一钵食物，奉献给所有的佛陀与菩萨等。只要你还没有达到这种境界，只想给贫穷的人施舍的机会，那么即使你要来了很多食物，你也只是一个无用的消费者。" [2]

---

[1] 迦叶波：也称诃迦叶，全名摩诃迦叶，又被称为大迦叶、摩诃迦叶波、迦叶、迦叶波，为释迦牟尼十大弟子之一，生于王舍城近郊之婆罗门家。于佛成道后第三年为佛弟子，被称为头陀第一。在释迦牟尼入灭后，迦叶波成为僧团领袖，在王舍城召集第一次结集。禅宗尊他为第一代祖师。

[2] 此段故事出自《维摩经·弟子品第三》，原文为：

佛告大迦叶：汝行诣维摩诘问疾。迦叶白佛言：世尊！我不堪任诣彼问疾。所以者何？忆念我昔，于贫里而行乞。时维摩诘来谓我言：唯！大迦叶！有慈悲心而不能普，舍豪富，从贫乞。迦叶！住平等法，应次行乞食。为不食故，应行乞食。为坏和合相故，应取抟食。为不受故，应受彼食。以空聚想，入于聚落，所见色与盲等，所闻声与响等，所嗅香与风等，所食味不分别。受诸触如智证。知诸法如幻相，无自性，无他性，本自不然，今则无灭。迦叶！若能不舍八邪，入八解脱，以邪相入正法。以一食施一切，供养诸佛，及众贤圣，然后可食。如是食者，非有烦恼，非离烦恼；非入定意，非起定意；非住世间，非住涅槃。其有施（转下页）

佛陀让须菩提[1]去访问维摩时，他进行了如下告白，并说自己没有资格去做使者，因此加以拒绝。

"那天我去造访老哲人的宅邸，向他乞食。他把我的钵里装满了食物，同时说：'值得接受这些食物的人，是对此不存执着的人，因为在这种人那里，一切平等。他们在一切世俗的烦恼里得以解脱，对一切存在都原封不动地接受，而且对此并不执着。不要去听佛陀的话，不要去看他。但是要跟从你佛教以外的老师们，跟着他们到他们要去的地方吧，如果他们的命运是下地狱，你就和他们一起去。对于这种事

（转上页）者，无大福，无小福，不为益，不为损，是为正入佛道，不依声闻。迦叶！若如是食，为不空食人之施也。

本章以后的内容都是讲述《维摩经》，但是由于作者不是按照原文逐段逐句讲述，跳跃性很大，而且删节随意，因此下面不再注出《维摩经》原文。

[1] 须菩提：意译为善业、善吉、善现、善实、善见、空生。乃佛陀十大弟子之一。原为古代印度舍卫国婆罗门之子，被誉为"解空第一"。于佛陀之说法会中，常任佛陀之当机众，屡见于般若经典。《法苑珠林》卷二十五记载，释迦牟尼佛五百弟子中有两个须菩提，一位出身王室，名叫天须菩提；另一位即善于解空的须菩提。此处的须菩提应该是被誉为"解空第一"者。

情，如果你没有犹豫徘徊，你就会被允许接受这些食物。施舍者并不是在积累功德，慈善也不是幸福的原因。如果你不能与恶魔一起工作，你就没有接受这些食物的资格。'

"我听到他说的这话，犹如晴天霹雳击身，钵也拿不住了。正想从他那里逃出去的时候，维摩说：'一切万物，毕竟是幻，只不过是一个名字而已。只有贤者，不为执着所困，能够超越理论，知道什么是真实在，因为他们已经得到解脱，所以绝对不会为物所惊。'因此我不是去探望维摩的人选。"

在众多的例子中，我们再引用一个吧。

弥勒[1]在当班的时候曾这样说过："我曾在兜率天[2]向天

---

[1] 弥勒：即弥勒菩萨，意译为慈氏，是释迦牟尼佛的继任者，将在未来娑婆世界降生成佛，成为娑婆世界的下一尊佛，在贤劫千佛中将是第五尊佛，常被尊称为当来下生弥勒尊佛或弥勒佛。被唯识学派奉为鼻祖，深受中国大乘佛教大师支谦、道安和玄奘的推崇。

[2] 兜率天：又译为兜卒天、都率天、睹史多天、兜率陀天，意思是"具有欢喜"，意译为知足天、妙足天、喜足天、喜乐天，六欲天之一，佛经记载乃"欲界六天"（四天王天、忉利天、夜摩天、兜率天、化乐天、他化自在天）之第四天，《立世阿毗昙论》第六卷云："云何第四天名兜率陀？欢乐饱满，于其资具自知满足，于八圣道不生知足。故说名为兜率陀天。"（同第三十二卷第一九八页）是弥勒成佛前之居处，这里的一昼（转下页）

界[1]之主及其从者讲不退转[2]之生命。维摩出现在这里，他如此对我说：'喂！弥勒，我知道释迦牟尼佛陀预言你在一生中会达到最高的悟道境界，可我想知道"一生"的真正含义是什么。这是你的过去，还是你的未来？又或者是现在之生？如果是过去之生，过去已经过去，早就没有了；如果是未来，未来还没有到来；如果是现在，现在是不会停留的（也就是说，所谓的现在，并没有一个确定的时点。当人们说"现在"的时候，现在已经不在这里了）。因此，无论是谁，在我们活着的瞬间里的所谓"现在"，是无法进入生、老、死的范畴的，释迦就是这样教导的。

（转上页）夜，相当于人间四百年，其一年三百六十天相当于人间十四万四千天，此天人寿命四千岁，相当于人间五十六亿七千六百万年（见《杂阿含经》第三十一卷第六八一节）。

[1] 天界：轮回中的六道之一。六道可分为三善道和三恶道。三善道为天、人、阿修罗；三恶道为畜生、饿鬼、地狱。人如果能够行十善业，死后将升天界享受快乐。天人寿命很长且有大能，但也有尽头，然后还要进入轮回，下堕为人、阿修罗、畜生、饿鬼乃至地狱。

[2] 不退转：音译为"阿惟越致"，又名"阿鞞跋致"，意译为不退转，即修行佛法之过程中得悟，不退堕于二乘、凡夫、恶趣等，也不退失所证得之果位、观念、行法。

'根据释迦的教导，万物就是真如[1]，在真如中存在，不仅所有的贤者、圣者，我们所有的人，当然也包括你，弥勒，都包含在这里面。如果释迦保证你达到最高的悟境，进入涅槃，一切有情、无情之物，当然也都得到了保证，达到最高的悟境了。因为，只要我们是一切真如，存在于真如，真如就是"一"，是相同的东西。一人得悟，其他人都应该得悟，而且在这一悟境中，不存在分别的思想。在真实无处不到又无所到，没有心也没有肉体的时候，弥勒，你说吧，你在哪里安置你不退转的生呢？'

"释尊呀，维摩在兜率天讲这番话时，二百梵天[2]、帝释

---

[1] 真如：又译为如实、如如，在早期译经中曾译为本无，佛教术语，一般被解释为法（梵文：dharma）的真实本质。真如即非真如，假名为真如。名由心立，相由心生，无心则觉一切皆真如。

[2] 梵天：亦称造书天、婆罗贺摩天、净天，原为古印度的祈祷神，现印度教的创造之神，与毗湿奴、湿婆并称"三相神"。他的坐骑为孔雀（或天鹅），配偶为智慧女神辩才天女，故梵天也常被认为是智慧之神。佛教也将梵天吸纳为护法神之一，称"大梵天王"，其在泰国等东南亚国家和中国台湾、香港等地区极受崇拜。华人称之为四面佛或四面神，据说有保佑人间富贵吉祥的功能，在东南亚有非常多信众。

天[1]们马上悟到了'无生法忍'[2]。因此，我没有资格和毗舍离的老哲人有瓜葛。"

如此，在这场集会上，佛弟子们一个个拒绝了释尊这项具有重大意义的嘱托。最后，文殊师利[3]接受了嘱托，他与八千菩萨、五百声闻众[4]、数万帝释天相伴，进入毗舍离之都。维摩知道这件事后，把所有家具都搬出了房间，只留自己躺着的床，身边不留一名随从，只有他一个人，留在这八九平方米的小屋里。

———————————

[1] 帝释天：又称天帝释、帝释，即因陀罗（Indra），全名为释提桓因陀罗，或释提桓因达罗，简称释提桓因。原为印度教神明，司职雷电与战斗，统领天界，后为佛教所吸收，成为佛教的护法神。

[2] 无生法忍：大乘佛教术语，为菩萨修行忍辱波罗蜜与三解脱门的成果。即确切地领会"一切法不生不灭"之理，把心安住在所悟不生不灭的中道实相上不动不退。忍辱波罗蜜可分为音响忍、柔顺忍、无生法忍三种。菩萨修行柔顺忍，至于顶位，之后进入无生法忍，进入无生法忍之后，菩萨就不再退转。

[3] 文殊师利：即文殊菩萨，又称文殊师利菩萨、曼殊室利菩萨，亦称妙吉祥菩萨，佛教四大菩萨之一，释迦牟尼佛的左胁侍菩萨，代表智慧。因德才超群，居菩萨之首，故称法王子。文殊菩萨的名字意译为妙德或妙吉祥，意为吉祥、美观、庄严。

[4] 声闻众：闻佛声教而得悟道者。

充满智慧的哲人、圣者和佛家弟子中无人能望其项背的聪敏的文殊会见维摩，是这样开始的。

维摩："文殊，欢迎你。但是你来所非来，我也是会所非会。"

文殊："确实如您所说的那样。我不来如来，不去如去。我非从何处来，非到何处去。我们虽然在谈论互相见面，但是我们之间并不存在见面这回事。我们先把这个问题放一放吧。释尊命我来探望您，看您身体如何。您好点了吗？为什么得病了呢？现在正在恢复中吗？"

维摩："从愚痴[1]而生欲念，这是我的病因。一切有情之物必有病，我亦病。他们病愈，我亦愈，不是这样吗？菩萨为了万物，接受了有生死的人生。有生死存在，就会有病。"

---

[1] 愚痴：佛教三毒之一。三毒为贪欲、憎恨、愚痴。愚痴是三毒中最根本的一个。指愚昧痴呆。又作痴、无明。即无智无明，暗愚迷惑，对事物不能下一个适当判断。佛教认为：人生之所以痛苦，就是因为有贪、嗔、痴三毒的存在，贪让人不知满足，嗔让人产生恶意，痴让人产生错误认知。

谈到维摩和文殊如此说话的时候，我们插一两句有关汇集在这里的释迦的从者中最具智慧的听众（罗汉[1]）舍利弗[2]的话。

舍利弗无意中发现维摩的房间里除了床之外一切家具都搬了出去，他想这可能是主人想让菩萨及弟子们有一席之地。维摩读透了舍利弗的心，问他说："你是为法而来，还是为座席而来呢？"当舍利弗回答是为法而来之后，维摩又开始说如何求法："求法在于什么都不求，对什么都不执着。如果求或者执着，这里就会产生道德及知识上的障碍，人就会陷入矛盾冲撞的网中，难以解脱。不是这样吗？正是因为如此，病才缠绵难愈。"

文殊因为进行精神的巡礼，去过遍及大千世界的佛土。

---

[1] 罗汉：意即阿罗汉，原指小乘佛教修行者所能达到的最高成就果位，已经达到了断尽生死烦恼的"无余涅槃"的至境，后来泛指和尚修得"阿罗汉果"果位的人，即身心六根清净，无明及烦恼已断，已了脱生死，证入涅槃。于寿命未尽前，仍住世间梵行少欲，戒德清净，随缘教化度众。

[2] 舍利弗：佛陀十大弟子之一。以智慧第一著称。又译为舍利弗多、舍利弗罗、奢利富多罗、舍利弗多罗、舍利补怛罗，玄奘译为舍利子，意译为鹙鹭子，《心经》中的"舍利子"就是指舍利弗。

他问维摩地位最高的席位在什么地方，维摩说，马上为他取来佛土中能坐下 32000 人的座席，每个席位上都有精雕细刻的花纹，高大宽敞，适合堂堂菩萨来坐。看来很狭窄的维摩的房间，却能容下这所有的座席，座席的高度也和须弥山[1]相同，大家都坐得下。菩萨们很容易就可以坐上去。可是声闻众由于椅子太高，爬不上去。说是让所有人都坐得下的这个房间，其实极小。这如何让大家都坐下呢？舍利弗充满了疑惑，因为芥子[2]无法把世界的群山收进自己体内，皮肤的毛孔无法把四大洋连同生活在其中的鱼类、乌龟和鳄等一起收纳进来。

舍利弗在这里遇见的最能说明《维摩经》整个精神倾向的一件事，就是和天女的邂逅。她在这里和大家一起倾

---

[1] 须弥山：又译为苏迷嚧、苏迷卢山、弥楼山，意思是宝山、妙高山，又名妙光山，是古印度神话中位于四个世界（南赡部洲、西牛贺洲、东胜神洲、北俱芦洲）中心的山，是众神居住的神山，位于一小世界的中央。（一千个一小世界称为一小千世界，一千个小千世界称为一中千世界，一千个中千世界为一大千世界，合小千、中千、大千总称为三千大世界，后为佛教所采用。）

[2] 芥子：十字花科植物白芥或芥的干燥成熟种子。

听了维摩和文殊恢宏的论说,然后在听众头顶洒下天华[1]
之雨。

花从菩萨们身上滑落,却附在声闻众身上不落下来。舍
利弗也想把花从身上掸下来,但是做不到。天女问他为什么
要这样做,他回答说:"因为它和法不一致。"

天女说:"虽然您这样说,但是花并没有这种分别意
识。因为您自己有分别意识,花才不从您那里离开。看看菩
萨们,完全不犯您这样的错误,因此花在他们身上就停不下
来。如果您去掉由分别意识而来的一切想法,就是恶灵也无
法上身。"

舍利弗说:"您是什么时候来到这里的?"

天女说:"就在您解脱的那个时候。"

进行如此对话之后,舍利弗惊叹这位美丽讨论者的知识

---

[1] 天华:即曼陀罗华,花卉名,常记载于佛教典籍,学名白花石蒜,又称龙
爪花、老鸦蒜、石蒜、无义草、蒜头草、幽灵花、地狱花、舍子花、生死
之花等。《法华经》卷五《分别功德品》云:"佛说是诸菩萨摩诃萨得大法
利时,于虚空中,雨曼陀罗华,摩诃曼陀罗华。以散无量百十万亿众宝树
下师子座上诸佛。"《阿弥陀经》:"昼夜六时,天雨曼陀罗华。"

水平，不由问她为什么不转换为男子之身。天女马上回答：
"我花了12年的时间，探求我女性的特质所在，但是没有成
功。尽管如此，我为什么一定要变成男性呢？"

他们的对话，是细枝末节的事情，我们还必须倾听《维
摩经》的主要人物维摩和文殊的对话。两人的对话转向"不
二法门[1]"，也就是"不二论"这个题目。维摩想让到这里来
的每位菩萨都叙述一下自己怎样为这个论题下定义，等他们
个个都说了意见以后，维摩让文殊谈一下自己的看法。

文殊说："我认为该说的话一句也没有，该显示的姿态
一相不存，所要实施的认识一条也不存，并脱离想要质疑的
一切，这时人才开始进入'不二法门'。"

然后文殊说："维摩居士，关于这个问题，我们大家都
谈了自己的看法，可是您的看法究竟如何呢？"

---

[1] 不二法门：佛教用语，指显示超越相对、差别之一切绝对、平等一如之真
　　理的教法。在佛教中，对事物认识的规范，称之为法；得道的圣人在这
　　里证悟，称之为门。佛教有八万四千法门，不二法门是最高境界。《维摩
　　经・入不二法门品》："如我意者，于一切法无言无说，无示无识，离诸问
　　答，是为入不二法门。"

维摩只是沉默，一言不发。于是文殊又说："您的回答真完美。维摩呀！这才是无法用语言和文字说明的'入不二法门'之路。"

这个"不二法门"虽然是《维摩经》所涉及话题的主要框架，但是这里还伴随着一个插曲。

性急的舍利弗在这时想道：快到吃饭的时间了，维摩如何安排在这样八九平方米小屋里群集的菩萨和其他人吃饭呢？而维摩早就知道舍利弗脑子里在想什么。他告诉他们，他想用超自然的饭菜招待来到这里的每个人。他进入冥想状态，用自己的神通力，横断等于恒河四十二河川之沙[1]那么多的世界，到达了被称为"香积国"的佛土。他请求统治这方国土的佛给他一点食物。这份请求得到了满足，维摩携带着这点食物回到了集会。虽然分量极少，但是每个人都十分满足。这顿饭并不是大量的物质性的食物，这是一种气体，只要闻了这种气体的芳香，无论你住在怎样不同的世界，都

---

[1] 所谓"恒河四十二河川之沙"，泛指不可数的巨大数字。

足以解消你的饥饿感。

这以后，他们与伟大的哲人维摩一起来到释尊面前。于是，释尊对他们说："伟土香积国被称作'妙喜'[1]，也就是完全喜悦的国土，是不动佛[2]治理的地方。"应释迦请求，维摩施展奇迹，把"妙喜"世界搬运到大家面前。以统治者不动佛为首，诸菩萨、帝释天、梵天、所有阶层声闻众及其他所有有情之物，看见了这方国土中的山河、大海、草木及男女居住者。此方佛土的特征，就是既能升到兜率天去，又能降到现世中来，具有三组梯子。大家为如此光景而欢喜，希望生在"妙喜"世界。《维摩经》用这个例子，讲述了释迦希望法在现世永远流传和在这里集会的诸菩萨、帝释天、梵天、声闻众及其他有情之物保证遵从释迦的教导，并结束了全文。

---

[1] 妙喜：即妙喜世界，另译善快世界、妙乐世界，也音译为阿维罗提、阿比罗提、阿毗罗提，每一尊佛都有一个净土，妙乐世界是阿閦佛（又称不动佛）所在的净土，维摩诘菩萨从这个国土转生婆婆世界，现在家居士相，度化众生。

[2] 不动佛：即阿閦佛，又称不动如来、无动如来、无动佛。无动如来之佛土在此世界东方，称妙喜世界。

第八章 剑士与猫

*

*　据铃木大拙在 *Zen and Japanese Culture*（Daisetz T. Suzuki, *Zen and Japanese Culture*［Hong Kong：Tuttle Publishing, 1988］.）一书中自注："这个故事来自一本古老的剑道之书，可能出自早期日本剑道'一刀流'的一名出色剑士之手，而这本书是伊东景久在 17 世纪发现的。"

伊东景久即伊东一刀斋（生殁年不详），是战国时代到江户初期的剑士，真名伊藤友，是在江户时代隆盛的"一刀流"剑道之祖。据说他自己并没有将其剑道流派称为"一刀流"。伊东一刀斋另有景久、前名、前原弥五郎之名。弟子有小野善鬼、古藤田俊直、神子上吉明等。

据维基百科日文版，剑士胜轩与猫的故事出自佚斋樗山（本名丹羽忠明，1659—1741）所著的剑道书《田舍庄子》（享保十二年，1727 年出版）中的一回。

从前，有一个名叫胜轩的剑士，家里的老鼠闹翻了天，使他很烦恼。这只老鼠胆大包天，大白天也敢从洞里出来，无恶不作。胜轩让自己宠爱的猫去抓这只老鼠，猫打不过老鼠，反被老鼠咬得嗷叫着逃跑。胜轩听说邻家有几只猫，抓老鼠技巧高超，也很勇敢，就去借来几只猫，让它们对付自己家的老鼠。那鼠蹲在房屋一角，只要猫一接近，它马上猛烈反击。那些猫惶恐不堪，败下阵来。

胜轩见此状非常生气，打算亲自出马整治老鼠。他手执木刀，靠近老鼠，但老鼠的行动就像是在嘲弄这位深通剑道的剑士一样，它时如飞鸟，时如闪电，腾挪躲闪，应对自如，弄得胜轩手忙脚乱，刚要出手，那鼠早已轻松地从他的头顶越过。胜轩汗流浃背，好不狼狈，只好放弃了亲自斗鼠的念头。最后他听说，附近的人家还有一只猫，捕鼠技巧极为高超，有关它的传奇广为流传。于是他把猫借来。乍一看，这只猫与其他几只斗鼠的猫也没有什么区别，剑士便不大瞧得起这只猫，只是把它放到闹鼠的那个房间让它试试看。这只猫安安静静，好像并不觉得屋子里有什么异常，优哉游哉走了进去。老鼠看了走过来的这只猫一眼，立刻浑身发抖，蹲在角落里简直就像全身麻痹了一样，一动也不能动。猫叼住老鼠的脑袋，不慌不忙地走了出来。

这天晚上，猫儿们在胜轩家大集会，郑重劝说这只伟大的猫坐上主宾的席位，它们恭恭敬敬地向这只伟大的猫敬礼，纷纷说道："我们都是以大胆与狡黠闻名的猫，但是不知道世上竟有如此不寻常的老鼠。在您出马之前，我们大家都奈何不了它，但是您如此轻松就收拾了这家伙，有什么秘诀务必教给我们。不过在这之前，我们先把自己知道的所有收拾老鼠的技术和方法讲一下。"

随后，一只黑猫走上前去说道："我出身于以捕鼠技术熟练著称的家族，我的技术乃家传。从我还是一只小猫的时候开始，为了成为一名了不起的捕鼠专家，我刻苦锻炼。我

日本剑道

摄影：费利斯·比托（Felice Beato，1832—1909），出自
《F.Beato 写真集2》，横滨开港资料馆编

既能越过两米多高[1]的屏风，也深谙怎么钻进只有老鼠才能通过的小洞。我能完美地表演杂技演员的一切惊险动作，我也很会装死，能让老鼠觉得是在酣睡，当它们路过我身旁时，我跃身而起将它们抓获。那些在房梁上乱窜的老鼠从未逃脱过我的手心。现在在这只老态龙钟的老鼠面前败退下来，真是我的奇耻大辱。"

端坐在主宾席上的伟大的猫对它说："你所学到的不过是捕鼠的技术，你的心经常在考虑如何对付敌人。以前的老师们创造出这些技法，是为了让弟子掌握完成工作的正确方法，因此这些方法当然简单有效，这里面包含这一技术所有要点。可是，步老师后尘的猫，没有把握其精神，只是过分急于如何使技法巧妙和手头上的技术熟练。虽然这个目的可以达到，技巧可以达到顶点，但是这又怎么样呢？所谓的'巧'，是心的作用，但是必须合'道'。疏于'道'而只追求'巧'，就容易滥用其巧。在习得斗争技术的时候，必须记住这一点。"

---

[1] 原文 seven feel，7 英尺，约为 2.13 米。

　　狸猫走了出来，谈起了自己的看法："我觉得搏斗之术最重要的就是'气'。长期以来，为了养我浩然之气，我刻苦修行。如今我已具备充满天地之间的最强的精神力量。在与敌人对阵的时候，我的威风早已压倒对手，在开打前就已稳操胜券。我在运用自己的技巧时并不有意识地去计划怎样出手等，而是自然而然地随机应变。如果老鼠在房梁上乱窜，我就目光灼灼，凝神盯着它，而它必定自己就从高处跌落下来，束手就擒。可是，这只不可思议的老家伙来去如同闪电，没有踪影，真是百解不知其意。"

　　而那伟大的猫这样回答他："你知道利用'气'的方法，但是你意识到这一点的同时，它就要发挥相反的作用。你是用强大的精神与敌人的精神对垒，因此你决不会比敌人更强大，反而常常会被打败。你觉得你活泼的精神好像充溢在天地之间，但这不是精神本身，只不过是像影子一样的虚像。可能你觉得这就像孟子所说的'浩然之气'[1]，其实并不

---

[1]《孟子·公孙丑上》："我善养吾浩然之气。"

是这样。孟子的'气'是闪闪发光的，因此充满了勇气。你的气由境遇而生，来源是不一样的，作用也不同。一个是滔滔流淌不断的大河，一个是大雨后一时的洪水，流多了就干涸了。自暴自弃的老鼠比偶尔攻击过来的猫要强大。争斗如果是你死我活，被伤害者完全没有无伤而逃的希望时，那么就会把一切危险置之度外，它的全部存在都化作了斗争精神，无论什么样的猫，在这如钢似铁的反抗中都难以取胜。"

灰猫静静地走到前面来说道："各位都是带着自己的影子转来转去，不论这个影子多么微弱，敌人必然对此加以利用。而我经常这样锻炼自己：做出不会对敌人造成威胁，不会强迫它和我搏斗的样子，做出投降、和睦的样子。看到敌人逞强，我就做出点示弱的样子，舍己从人，趁虚而入。就像石头投在门帘上，柔软的门帘引进落空，顺势而行。因此，无论怎样强大的老鼠，都发现不了我有什么样的格斗技术。现在我们必须面对的这个对手，是一只无敌之鼠，面对对手强大的体力，它不屈不挠，你做出投降的样子，它也根本不上当。真是不可思议的生物，我从来没见过这样的家伙。"

　　这只伟大的猫答道："你所谓的降服精神，没有与大自然和合，是人工的，只是你从自己的意识中得出的想法。如果你想以此为手段，去打破敌人积极的攻击精神，敌人老早就看透了在你的意识中所发生的微弱的灵性波动的征兆。这样人为制造出来的屈从精神，一定程度上会在你心中引起浑浊和障碍，这的的确确是妨碍高深知觉和轻快行动的东西。如此之时，会影响你原本的能量发挥作用。为了发挥'自然'神秘妙用，并依此成事，必须停止你自己的思考和功夫，任运自然，一往无前。按照你内心这种自然而然的感觉去发挥自己的能力，这样，你会无影、无征、无痕而克敌制胜，没有敌人能够反抗你。但是，我并不是说你如此深湛的功夫完全达不到目的。到最后，'道'总是要通过'容器'来表现它自己的。技法上的功夫里包含着'理性'。精神的力量作用于肉体，并与'自然'和合的时候，可以完全应周围的变化而动，屈己从人，可以在体力的争斗中置敌人于死地，直面艰险，如果把'自然'等闲视之，必然一败涂地。

这里有一个最根本的观点，就是彻底抛弃从自我意识出发的想法。这种想法在你心中存在的时候，一切行为都会成为从自我意识出发的人工诡计，与‘道’不合。这样的时候，对手拒绝屈从于你，充满了敌忾精神。当你处于‘无心’这一心理状态时，就会完全不依靠人工的功夫，与‘自然’合为一体而动。‘道’是超越一切限定的存在，只要我们的话题都是关于‘道’的，那就一定是没有穷尽的。

"不久前，在我家附近有一只猫，整天睡觉过日子，好像没有一点精神活力，像一尊木雕一样。没有人看到它抓过一只老鼠。可是，在它走到的地方，连老鼠的影子都没有。

"有一次，我去拜访它，询问这怪事的原因，但是它什么都不回答。我一再追问，它就是不开口。不是不想回答，而是不知道究竟怎样回答。因此我们要知道：知者不言，言者不知。这只老猫把它自己连同周围的一切都忘得一干二净，存在于‘无目的’这种最高超的精神状态。它是一只实现了神圣的武士道，以至于不去杀敌的猫。我还没有资格和它相比。"

《榊原击剑会绘图》

魅斋（月冈）芳年绘

剑士胜轩在倾听这只伟大的猫的话时，感觉自己完全像在做梦一样，他来到它的面前殷勤致意，然后说："在下习练剑道久矣，现在还不能说完全掌握了剑道，您今天所说的真是高论，还想请您进一步指教。"

这只伟大的猫说："我只不过是一只猫，老鼠是我的食物，我怎么会知道人的事呢？不过现在您让我说上一点，我就再说一点。必须记住，剑道是面临危机之时，感悟生死之道的技艺，不仅是为了砍倒对手。武士必须将此常挂于心，把剑道作为一种精神修养来锻炼自己。首先必须洞察生死之

道，并在必要的时候，能从利己的思想中解脱出来。如果能
够达到这种境界，人就可以清除各种疑念，一心不乱，不需
要计较什么，更不需要深思熟虑。精神是平和的、谦虚的，
与周围的一切相和，也就是虚心澄澈。处于如此境界中，就
能自由自在地应对周围经常发生的各种变化。相反，如果一
种思虑和欲望在心中升起，就是存在着'我'与'非我'的
形式的世界，'我'与'非我'对立，也就出现了矛盾。只
要这种对立状态持续下去，'道'就会被抑制，被阻止，不
可能展开自由的活动，您的精神也会被追赶到死的黑暗之
中，完全失去那种神秘的、与生俱来的光辉。在这种心境之
下，怎么能面对敌人，打开您的命运之门呢？就是您胜利
了，也只不过是偶然，绝对是违反剑道精神的。所谓的'无
目的'，并不是单单指事物的缺失，不是指空虚的无所支配
的状态。'精神'本来是无形的，不会抱有任何目的。而在
这无形之中放进去了什么，心之力就会注入其中，失去均
衡，使与生俱来的活动力萎缩，您就无法和这生命之流共同

涌动。您给予这种力量一个发泄口，沿着一个方向流出过多，其他方面就会不足。过多时，它会溢出，您对它难以控制。而当它不足时，就会由于营养不良以致萎缩。这两种状态都难以和不断变化的状态保持一种张力平衡。可是，当'无目的'的状态，也就是'无心'的状态占据统治地位时，精神不会包藏任何事物，不会在任何方向留出发泄口。这里没有主观也没有客观，虚怀若谷应对境遇的推移，了无痕迹。

《易经》中这样说：'此中无思、无为、无欲，绝对静寂而不动，但这是感知之力，这样的时候，才能通现实世界的万事万物，圆融无碍。'（《易》无思也，无为也，寂然不动，感而遂通天下之故。[1]）结合剑道，理解这个道理，人就会更接近'道'。"

剑士洗耳恭听这只伟大的猫的贤明之道，又问道："无主无客，这是什么意思呢？"

---

[1] 见《易经·系辞传》。

这只伟大的猫答道："有我故有敌，无我则无敌。所谓'有敌'，就像男中有女、火中有水一样，就是有互相反对的东西，一切有形之物，无论什么，必有反对的事物存在。您的心中不起任何思索的念头，也就没有一个人要战胜另一个人这种由对立而来的纠葛。这已经是所谓的'无敌无我'。更进一步，如果您的心中连所谓一切思索的征象都忘记了，那您就享受了绝对的无为之境，处于完全平静的、自在的状态，和世界融合为一。而所谓敌性的形态不存在的时候，不能说您没有意识到敌人或完全没有意识到敌人，而是您的心里已清除了所有思索的作用，您的心只是在接受知识时才行动。

"这样，您的心处于绝对无为的境界，世界和您的自我同一化，意味着您不会选择正确与不正确，好恶超越了一些抽象作用的形式。快乐与痛苦、损与得等状态，都是您的心所造，全宇宙完全不应该在'心'之外去求。一位老诗人吟过这样一首诗：'眼睛里有一粒尘土的时候，三重世界也变成了狭窄的小路（眼内有尘三界窄[1]），如果你的心从对象中得到完全的自由，人生将无限宽广（心头无事一床宽[2]）。'

"即便只是一粒沙尘，当它进入我们的眼睛，我们也会无法睁开眼睛。正像我们本来明亮、闪烁着光辉而不囿于对象的心一样。可是，当一个对象进入我们的心，心马上就失去其功德，也就是所谓的敌军围困万千重，可能会把'我'这一形式化为齑粉，但是出于我的'心'，是无论多么强大的敌人也奈何不了的。

"孔子说：'匹夫不可夺志也。'[3]

"但是，如果心乱了，自己就成了自己的敌人，这就是我所说的全部。老师的工作只是传授技法，并说明其理由，

---

[1] 三界：佛教用语，指众生所居之欲界、色界、无色界，是乃迷妄之有情之物，在生灭变化中流转，依其境界所有的三个层次，又称"三有"。

[2] 日本僧人梦窗疏石的诗。原诗为："青山几度变黄山，世事纷飞总不干。眼内有尘三界窄，心头无事一床宽。"梦窗疏石（1275—1351），横跨日本镰仓时代末期、战国时期及室町时代初期的日本临济宗僧人。伊势人，俗姓源，字梦窗。

[3] 见《论语·子罕》："三军可夺帅也，匹夫不可夺志也。"

除此之外他什么都不能做。悟到其中的真理，要靠您自己。

得到真理要靠自己，这是'以心传心'的，用写在纸上的东

西是无法传授的，是一种特殊的传授。但是一般来说，人们

难以随便脱离传统的教授方法，就是老师在这一点上也无能

为力。学禅时能够体验到这一点，从古代圣贤的各种心的锻

炼方法，到各种技术的传授，'自觉'是一切一切的基础。这

就是所谓'以心传心，教外别传'[1]。形成文字的教义，只是

告诉你你内心已有的东西，秘诀不可能由老师传给弟子。教

难学亦难，而最难的则是由你自己来'自觉'你内心所具有

的东西，这样你才能把这秘诀作为自己的东西加以使用。这

样的自觉，就是所谓'洞察自己的存在'（自内证[2]），也就

---

[1] 以心传心，教外别传：禅宗有"不立文字，教外别传，直指人心，见性成
　　佛"十六字玄旨。《五灯会元·七佛·释迦牟尼佛》：世尊在灵山会上，拈
　　花示众，人天百万，悉皆罔措，独有金色头陀摩诃迦叶，破颜微笑。世尊
　　言："吾有正法眼藏，涅槃妙心；实相无相，微妙法门；不立文字，教外
　　别传。"付嘱大迦叶。《碧岩录》第一则评喝曰：达摩遥观此土有大乘根器，
　　遂泛海得得而来，单传心印，开示迷途；不立文字，直指人心，见性成佛。
[2] 自内证：自己内心证悟之相。《成唯识论》卷十："圣者各自证悟真如法性
　　之理，曰自内证。"

是'悟'。'悟'就是从梦中觉醒，觉醒、自觉、自内证都是同一个意思。"

这只伟大的猫的故事中所说的"无为"以及"无目的"的观念，换成其他的语言，就是"空"，是"虚心"也是"无心"。这个故事，实际上就是讲"空"的理论在剑道技术上的实际应用。在日本文化中，禅的体验深入了生活中的各种形态，尽管这些形态乍一看和禅的体验似乎没有什么关系。这样，剑道就不是和敌人争斗或杀死敌人的技术，而成为净化精神、使人高贵的体验禅的真理的锻炼。禅实际上是具体的、高级的生命哲学，当然也可以把禅看作普及生命活动各个方面的真理。特别是剑道，是一决生死的斗争，你要抹杀敌人，给敌人以损害，自己也不得不准备被敌人抹杀。面对死亡是一个重大问题，无法将此作为儿戏。在你希望有效地运用剑道之前，必须认真考虑这个问题。换句话说，大家必须有一种哲学，一种中断生命与实际生存联系的、能够处理飞跃观念的非抽象的哲学。禅与剑道就是在这种场合建立了一种必然的联系。《摩诃婆罗多》[1]中这样教育阿周那：
"你不要抱有期待，抛弃我执，脱离苦恼，透悟战斗之事。"

　　这与禅教育剑士有某种相似之处，也可以定义为"空"。

---

[1]《摩诃婆罗多》是享誉世界的印度史诗，全长10万余颂（"输洛迦"，古印度常用的诗体单位，每颂两行32个音节）。此外还有一些散文句，总共有180万个单词，是世界上第三长的史诗。其中有长篇英雄史诗，有以大量的传说故事作为插话，有宗教哲学以及法典性质的著作。现代学者认为《摩诃婆罗多》是印度的民族史诗，堪称是"印度的灵魂"。阿周那（Arjuna）是《摩诃婆罗多》中的主角，般度族五兄弟之一。阿周那临阵犹豫不决，他的友人和驭手大神黑天晓之以大义。

第九章　东方氛围

有人怀疑，是否有所谓东方文化。波斯是波斯，印度是印度，中国是中国，可以把这些总括起来，说成是东方的文化、思想或艺术吗？人们认为：日本在思想和文化上接受了中国和印度的影响，但是日本也有自己独特的东西，这不能称为"中国的"或者说是"印度的"，也不能将其一般化为"东方的"。日本的就是日本的，没有必要把日本的称为"东方的"，也没有事实证明有这种必要。

关于这方面的事情，我当然不十分精通，但是从朦朦胧胧的感觉上来说，总感觉东方的事物与西方的事物是有区别的，当然这只是一种感觉，并不是建立在坚实的实证基础上的。

从伦敦乘船出发，通过地中海，进入苏伊士运河水路，总是在不知不觉间被那里的东方气氛打动，水路两岸可以看到有骆驼屈卧在那里或站着。这已经是几十年前的事情了，可那时的心情至今不能忘怀。

"怎么说这也是东方的"——这种感觉在那时不知从何处涌上心头。我不知道骆驼的原产地在哪里，但是这种景象总是引起一种东方情调。以沙漠为背景站在那里，无论如何也没有"西方的"感觉，那么，究竟什么是"东方的"呢？

我也曾经通过西伯利亚去欧洲，当然这是第二次世界大战以前的事。当时贝加尔湖结冻，我看见马拉着雪橇在湖面走，仅此我还没有觉得这是"东方的"。我去某个驻车场，那里极具乡村风格，我正要从那里乘火车，看见那里的农民穿着长靴，脸上长满了胡须，把手插进兜里，三三两两站在那里，茫然看着国际列车通过。这种样子映入旅人的眼帘，不由让人感慨："这里也有东方的气氛呀。"而所谓"东方的"感觉，究竟是什么呢？

所谓感觉，也是一种模糊不清的东西吧？我想这种感觉的背后，一定隐藏着某种诉诸我们直觉的东西。触景生情，我们有时会思索：这究竟是什么呢？这不是抱着要系统研究的野心思索的，只是一时注意到了这一点罢了。

对永恒的直视大概是贯穿整个东方的气氛。即使不是作为一种气氛被明确地意识到，在一切精神作用的根基里，难道不存在这样的东西吗？彻底分析无意识的心理现象，就会撞到"对永恒的直视"吧？不间断地直视事物的永恒性，就是东方的风景吧？

所谓面对事物的永恒性，未必是有意识地直视这种永恒。虽然说多了有成为"口头禅"之嫌，但我的意思是：只是不知不觉间有如此的倾向在心头涌动，无论是触景生情还是艺术的表现，总是让人感到不知飘荡在何处的这种气氛。

虽然我还没有接触过印度大陆的风物，但是从南端的锡兰岛[1]的气候推测，在热的时候，恐怕也是"热杀阇黎"[2]，这

---

[1] 锡兰岛：今斯里兰卡岛国。锡兰岛位于赤道附近，属于热带。

[2] 热杀阇黎：阇黎，全称"阿阇黎"，佛教与印度教术语，又作阿阇梨、阿阇棃、阿只利、阿遮利耶。略称阇梨。意译为轨范师、正行、悦众、应可行、应供养、教授、智贤、传授。原为古印度教中婆罗门教教授弟子有关吠陀祭典规矩、行仪的老师，后为佛教采用，作为出家众对其师长的名称，与和尚、喇嘛意义相近。热杀阇黎，形容酷暑。典出《碧岩录》第四十三则：

学僧问洞山："寒暑到来，如何回避？"（不是这个时节，劈头劈面，在什么处？）山云："何不向无寒暑处去？"（天下人寻不得，藏身露影，萧何卖却假银城。）

僧云："如何是无寒暑处？"（赚杀一船人，随他转也，一钓便上。）（接下页）

种感觉会遍布印度全境。当然，在印度北部也有像日本这样
冷的地方，但是一提到印度，首先就是热带。在这种热带产
生的文化，大体上就被看作"印度式的"。在如火的光和热
中培育起的精神，是日夜与鲜花盛开不败的大平原、绿浪连
天的大森林、北方冲天而立的威严雪山及横贯整个国家奔涌
不息的与恒河水息息相关的精神，这种精神一定会吸收那种
天地悠久的意象。再看一看他们的文学，那在佛教经典里体
现出的思想，是小肚鸡肠的心胸中难以涌现的。我听说"无
限"这一概念，是从印度人那里产生的，如果真是这样，我

（接上页）山云："寒时寒杀阇黎，热时热杀阇黎。"（真不掩伪，曲不藏直，
临崖看虎儿，特地一场愁。掀翻大海，踢倒须弥，且道洞山在什么处？）

见（宋）圆悟克勤：《碧岩录》(中)，入矢义高、沟口雄三、末木文美士、
伊藤文生译（东京：岩波书店，1992），第122—123页。标点符号与句读
根据现代汉语习惯有所改变。

翻译过来的大致意思就是——

学僧问洞山良价："寒暑到来时，应该如何回避？"

洞山良价说："你怎么不到无寒暑的地方去？"

学僧问道："哪个地方无寒暑？"

洞山良价说："寒冷时，你自己就彻底地化为寒冷；酷暑时，你就彻底地
化为酷暑。"

觉得正该如此。

中国的天地也是所谓的大陆。山高水长沙广，让人觉得并非现世的存在，而是想到那些超越变化的世界。"则物与我皆无尽也，而又何羡乎？"[1]——这种心情的产生是自然而然的，因此才出现万里长城。从实用价值上讲，万里长城似乎是多余的，但是将其作为艺术作品，则体现了永恒性。虽然它不能完全防御从北方入侵的敌人，但是站在居庸关[2]上，眺望这蜿蜒于群山峻岭中绵绵不断的长城，你一定会惊讶——渺小得如沧海一粟的人的双手，怎么能建造出如此宏伟的杰作？同时你会体会到一种威严，而这种威严，是从事

---

[1] 典出苏轼《前赤壁赋》：

客亦知夫水与月乎？逝者如斯，而未尝往也；盈虚者如彼，而卒莫消长也。盖将自其变者而观之，则天地曾不能以一瞬；自其不变者而观之，则物与我皆无尽也，而又何羡乎？且夫天地之间，物各有主，苟非吾之所有，虽一毫而莫取。惟江上之清风，与山间之明月，耳得之而为声，目遇之而成色。取之无禁，用之不竭。是造物者之无尽藏也，而吾与子之所共适。

[2] 居庸关：居庸关是长城中的一座著名关城，与附近的八达岭长城同为北京西北方的重要屏障。与倒马关和紫荆关合称"内三关"，是"天下九塞"之一，"太行八陉"之八，现为国家级文物保护单位。

物的永恒性中产生的。它与埃及的金字塔一起，成为古代文化中包含所有意义的纪念（从这个意义上说，埃及也是东方的，不用说金字塔，从作为艺术品流传下来的各种神像及收集埃及文物的大英博物馆埃及室里的文物来见，都应该说是东方的，这里有对永恒的直视）。

单单从量上来说，现代的工业制品中，也有做得很好的东西，但是这些工业制品，都会使人清楚地感觉到智力上的精巧和实用的目的性，可以说没有精神的魄力。看到那些大军舰和横贯太平洋的大蒸汽船，觉得大是很大，但是机心巧智过于明显，缺乏古代制品那种无用为用、大巧若拙的恢宏气概。如万里长城，直到今天，那种恢宏，仍具有压倒一切的气魄。埃及的金字塔亦是如此。

而这种不假修饰的恢宏，正是东方式的，是对永恒的直视。

说到恢宏，日本人似乎不是这样，有点拘于小节。这可以说是缺乏东方性，也可以说是由于日本人接触到具有西方特征的事物、思想，就马上接受过来使然。但是同样可以说，日本人在纤细精巧处体现"对永恒的直视"，并发挥自己的特长，使日本的精神中闪烁着"日本式的东方性"。最能体现这种日本式的东方性的，是日本的足利 [1] 到德川 [2] 时代。我觉得，要想看到真正的"日本式的事物"，必须看佛教传入以后的日本人的精神生活。在这以前，总有过于原始之嫌，也很难说充分表现出了日本人心灵的律动。将茶道和俳谐作为最能表现日本风格的代表性事物，恐怕没有什么不妥当的。

草庵这种东西，和万里长城及金字塔比较起来，是何等潇洒，何等矮小，何等浑然天成。在某种意义上来说，它

---

[1] 足利时代：指日本室町幕府时代，也称足利幕府时代，是日本历史上第二个幕府政权。足利氏是日本活跃于平安时代到室町时代的一个氏族，原姓源氏，是清和源氏中的河内源氏世家一族。镰仓时代是幕府将军的宗室，而到了室町时代则成了足利幕府的征夷大将军，足利尊氏于1338年开设室町幕府，终于1573年，其间共经历十五代室町征夷大将军（由于第十和十二代将军是同一人，所以说是十六代），长达200多年。

[2] 德川时代：又称江户时代（1603—1867），是指日本历史中在江户幕府（德川幕府）统治下的时期，从庆长八年二月十二日（1603年3月24日）德川家康被委任为征夷大将军在江户（现在的东京）开设幕府时开始，到庆应三年十月十四日（1867年11月15日）大政奉还后结束，为期264年。

是一种原始性的结晶，但在这里，总是秘藏着"对永恒的直视"。这种直视在后来不自然地发展起来的茶室及茶室的庭院中恐怕已经难以看出，而从其初始的本来意义上看，是"侘寂"，"侘寂"就是表现日本人"对永恒的直视"的东西。

接下来是只有 17 个音节的俳句，从量上来说，仅仅是 17 个音节的排列，但是在它充分唱出"对永恒的直视"之处，有日本式的东方性的描写。如果说"思想以前"和"逻辑以前"这些话，总是让人觉得不过就是肯定原始性，但是俳句与茶室里引入的原始性或曰直觉性，有在其他地方看不到的深度。这一深度培育思想的基础，而与此不同的极其复杂的、夸饰其构成如何宏大的逻辑的构成，不过是沙滩上的楼阁。"对永恒的直视"的深远与透彻，是一件非常紧要的事情，而要达到这种透彻，不靠思索，不靠结构，不靠积累，不靠平衡与对称，因此也不靠质与量。将这种透彻的直视表现得最贴切的，就是俳句，而且俳句直接连接着"日本式的表现"——这是我想要说的。

从地理和文化上来讲，可能很难给"东方的"还是"西方的"下定义，但是就是不下定义，我们仍然能感觉到什么是"东方的"。我们把"对永恒的直视"作为其特性，而且我相信，日本人同样具有这一特征。

今后，日本人也会接触所谓西方的事物，并将其充分咀嚼，依此多方面表现对永恒的直视，但是不能被这种表现的外在性迷惑，而怠慢了在使这种对永恒的直视成为可能的地方培养自己"直视"的能力。东方在科学上不发达的原因，我相信是在于这种对永恒的直视，但是我希望在科学上也不要忘记这一"直视"。从我的观察来看，现代西方文化与文明的危机，实质上就是因其过于离开其根基，处于一种摇摆不定的浮游状态，而现在到处可见科学对其自身的反动。所谓反动，经常是过度，或是走向邪路。

如果说"对永恒的直视"是东方的，那么分析、逻辑、二元论就是西方的。（1939 年 4 月）

后　记[*]

　　本书内容原文出自铃木大拙著《禅宗及其对日本文化的
影响》(*Zen Buddhism and Its Influence on Japanese Culture*) 一
书。原书后半部第一至第四章 ("Zen buddhism and the
Japanese love of nature", chapter one-chapter four)，拟题 "禅
与日本人热爱自然的情怀（一）—（四）"，作为本书前四章；
原书前半部的附录二 (Appendix II. "Yama uba", a noh-play)，
拟题 "禅与能及谣曲《山姥》"，作为本书第五章；原书前半
部的第七章 (Rikyū and other tea-man)，拟题 "禅与茶道、茶
人及茶器"，作为本书第六章；原书附录一（Appendix I. Two

mondō from hekigan roku），拟题"禅与问答及公案"，作为本书第七章。[1]

同时参考铃木大拙其他英文著作《禅与日本文化》（*Zen and Japanese Culture*）一书的附录四（Appendices IV. "The Swordsman and the Cat"）[2]，以及参照北川桃雄（1899—1969）译铃木大拙《续禅与日本文化》[3]第八章"禅与空观"有关猫和剑士的部分，拟题"剑士与猫"，作为本书第八章；翻译铃木大拙《文化与宗教》中的日文文章（"東洋的なるもの"）[4]，拟题"东方氛围"，作为本书第九章。

《禅宗及其对日本文化的影响》（*Zen Buddhism and Its Influence on Japanese Culture*）其他部分已在《铃木大拙说禅》[5]一书中出版。本书中文译文依照、参考铃木大拙上述著作，以及铃木大拙著、北川桃雄译《续禅与日本文化》的前七章和第八章一部分，其中诗歌与俳句的翻译还参照了被引用的日文和歌与俳句等，本书注释除注明者外均为中文译者加注。

后记注释：

* 编注：铃木大拙 1938 年出版的作品署名为 Daisetz Teitaro Suzuki，后期其他
著作署名为 Daisetz T. Suzuki、D. T. Suzuki。本书为保持阅读一致，统一采
用 Daisetz T. Suzuki。其中本书编撰参考来源之— *Zen and Japanse Culture*，
选取由 Tuttle Publishing 1988 年出版的版本。

[1] Daisetz T. Suzuki, *Zen Buddhism and Its Influence on Japanese Culture*
(Kyoto:The Eastern Buddhist Society,1938).

[2] Daisetz T. Suzuki, *Zen and Japanese Culture* (Hong Kong:Tuttle Publishing,
1988).

[3]［日］铃木大拙：《续禅与日本文化》，［日］北川桃雄译（东京：岩波书店，
1942）。

[4]［日］铃木大拙：《铃木大拙全集》第十九卷（东京：岩波书店，1969），第
28—33 页。

[5]［日］铃木大拙：《铃木大拙说禅》，张石译（杭州：浙江大学出版社，
2013）。